"十四五"航空运输类专业系列教材
上海高职高专院校市级精品课程

The Geography of Air Transportation
航空运输地理

主 编／曲倩倩
主 审／陆 东

人民交通出版社
北京

内 容 提 要

本书结合高职学生的学习特点,以任务引领的方法展开教材编写,把握知识够用为主,不过分追求学科知识的深度和广度。本书课程划分为六大学习任务:认识地球运动对航空运输的影响、认识影响航空运输布局的因素、认识中国航空运输区划、认识中国航线分布、认识国际航空运输区划、认识主要国际航线,并给出了每个任务的知识目标、能力目标和素养目标,以及具体的任务实施方案和评价指标,以便教学和帮助学生明确学习目标。

本书可作为高等职业院校空中乘务、民航运输等相关专业教材,也可供行业相关从业人员学习参考。

图书在版编目(CIP)数据

航空运输地理 / 曲倩倩主编 . — 北京:人民交通出版社股份有限公司,2024.9
ISBN 978-7-114-19553-2

Ⅰ.①航… Ⅱ.①曲… Ⅲ.①航空运输—运输地理—高等职业教育—教材 Ⅳ.①F56

中国国家版本馆CIP数据核字(2024)第107919号

审图号:GS京(2024)1770号

Hangkong Yunshu Dili
书　　名:航空运输地理
著 作 者:曲倩倩
责任编辑:李　娜
责任校对:赵媛媛　刘　璇
责任印制:张　凯
出版发行:人民交通出版社
地　　址:(100011)北京市朝阳区安定门外外馆斜街3号
网　　址:http://www.ccpcl.com.cn
销售电话:(010)59757973
总 经 销:人民交通出版社发行部
经　　销:各地新华书店
印　　刷:北京市密东印刷有限公司
开　　本:787×1092　1/16
印　　张:8
字　　数:180千
版　　次:2024年9月　第1版
印　　次:2024年9月　第1次印刷
书　　号:ISBN 978-7-114-19553-2
定　　价:32.00元

(有印刷、装订质量问题的图书,由本社负责调换)

前言
Preface

  航空运输地理是人文地理的学科分支——交通地理学的重要组成部分,具有明显的交叉学科特性,它在自然地理中的地质、地形、气象以及人文地理中的经济、文化、交通、人口等知识体系的基础上,融合航空运输的相关知识,从而满足航空运输从业人员的实际需要。

  航空运输地理是民航运输服务专业的基础课程,它是后续学习民航客票销售、民航旅客运输、民航货物运输等专业核心课程的基础。通过对运输专业学生实习与就业的长期跟踪和调研,我们了解到各民航单位普遍认为掌握航空运输地理知识是从事民航工作的必备专业技能和职业素养。

  在编写过程中,我们积极响应国家课程思政教学改革,通过介绍祖国的大好河山和灿烂文化,了解和尊重不同民族的风俗习惯,增强祖国统一和民族团结意识。通过学习不同航空运输企业的业务情况和中国航线分布,了解不同航空公司的企业文化和发展定位,理解中国民航高质量发展战略。通过学习国际不同区域的航线分布情况,明确在国内航空运输需求基本稳定的情况下,需要全面提升中国航空企业的国际化发展能力和国际影响力,以应对全球范围内的竞争与挑战,树立建设民航强国的责任感与使命感。

  为了提高教学效果,本书插入了大量图片,设置了小链接等知识拓展模块,使知识点的讲解更加生动、形象,帮助学生更快、更好地理解与掌握相关知识。同时,为方便学生学习,书中插入了部分地图,帮助学生形成更好的地理空间感知,提升学习体验。但由于纸张比例等原因,本书使用的所有地图均为示意图,使用时应以国家地理信息公共服务平台发布的地图为准。

  本书由上海民航职业技术学院曲倩倩担任主编,具体编写分工如下:戚奕芸编写任务一,曲倩倩编写任务二、任务四、任务六,张挥编写任务三,陈烜华编写任务五。本书由上海民航职业技术学院陆东担任主审。

  本书在编写过程中,参考了很多业内专家的观点、书籍和文章,在此谨向他们表示真诚的感谢。由于编写时间仓促,加之编者水平有限,书中难免存在疏漏和不当之处,敬请各位读者批评指正。

编　者

2024 年 6 月

目录
Contents

任务一　认识地球运动对航空运输的影响 ……………………………… 1

　一、地理常识 …………………………………………………………… 2
　二、地球运动 …………………………………………………………… 5
　三、时区时差计算 ……………………………………………………… 6
　四、航线与导航 ………………………………………………………… 10
　五、气象与飞行 ………………………………………………………… 14

任务二　认识影响航空运输布局的因素 ………………………………… 21

　一、航空运输布局要素 ………………………………………………… 22
　二、影响航空运输布局的因素 ………………………………………… 32

任务三　认识中国航空运输区划 ………………………………………… 39

　一、中国航空区域划分 ………………………………………………… 40
　二、东北地区主要空港城市、机场 …………………………………… 41
　三、华北地区主要空港城市、机场 …………………………………… 44
　四、西北地区主要空港城市、机场 …………………………………… 47
　五、华东地区主要空港城市、机场 …………………………………… 49
　六、中南地区主要空港城市、机场 …………………………………… 53
　七、西南地区主要空港城市、机场 …………………………………… 57
　八、新疆地区主要空港城市、机场 …………………………………… 60

九、港澳台地区主要空港城市、机场 ………………………………………… 61

任务四　认识中国航线分布 ………………………………………… 65

一、中国主要航空运输企业 …………………………………………………… 66
二、三大运输保障企业集团 …………………………………………………… 75
三、我国国内航线分布 ………………………………………………………… 76
四、我国国际航线分布 ………………………………………………………… 77

任务五　认识国际航空运输区划 …………………………………… 81

一、国际主要航空运输组织 …………………………………………………… 82
二、国际航协交通区域划分 …………………………………………………… 85

任务六　认识主要国际航线 ………………………………………… 111

一、国际航线分布特点 ………………………………………………………… 113
二、主要国际航线 ……………………………………………………………… 113

参考文献 ……………………………………………………………… 119

任务一

认识地球运动对航空运输的影响

- 一、地理常识
- 二、地球运动
- 三、时区时差计算
- 四、航线与导航
- 五、气象与飞行

◆ **知识目标**

熟悉与飞行相关的地理知识;

熟悉地球自转和公转对飞行的影响;

熟悉飞行导航的方法;

熟悉影响飞机飞行的天气因素。

▲ **能力目标**

能够熟练使用国际时区换算表;

能够熟练计算飞行时间;

能够分析不同气象条件对飞行的影响。

◇ **素养目标**

通过学习地球运动对飞行的影响,认识到掌握自然规律对飞行安全的重要性,敬畏自然,敬畏规章,能解决旅客关于飞行的相关问题,遇到天气原因等造成的飞机延误,能结合所学知识为旅客做好解释工作,安抚旅客情绪。

任务导入	王先生是微软上海公司的工程师,于2023年12月9日去美国西雅图参加微软总部的会议,他预定了美国达美航空DL282航班,航班显示12月9日17:30从上海浦东国际机场起飞,12月9日14:25到达西雅图塔科马国际机场,你能为王先生计算一下此航班总共飞行了多长时间吗?
任务实施	分成学习小组,抽取不同的城市信息及航班信息,查阅国际时区换算表,换算不同城市的时间、航班的飞行时间。 1.查阅国际时区换算表,换算不同城市的时间。 2.查阅国际时区换算表,计算航班的飞行时间。
任务评价	完成准确性(70%)	小组合作(10%)	语言表达能力(10%)	完成态度(10%)
自评(20%)				
互评(30%)				
教评(50%)				
综合得分				

— 知 识 讲 解 —

一、地理常识

(一)经线

经线是指连接南北两极,并且与纬线垂直相交的半圆,又称子午线,如图1-1所示。经线指示南北方向,所有经线都呈半圆状且长度大致相等,两条正相对的经线形成一个经线圈,任何一个经线圈都能把地球平分为两个半球。

国际上规定,把通过英国首都伦敦格林尼治天文台原址的那一条经线定为0°经线,也叫本初子午线。从0°经线算起,向东、向西各分作180°,以东的180°属于东经,习惯上用"E"作代号,以西的180°属于西经,习惯上用"W"作代号。东经180°和西经180°重合在一条经线上。

起始经线(0°经线)和地方经线各自所在的平面分别叫作起始经线平面和地方经线平面。一条经线的经度就是该地方经线平面和起始经线平面的夹角,单位为度(°)、分(′)、秒(″)。例如:上海的经度范围为120°52′E～122°12′E。

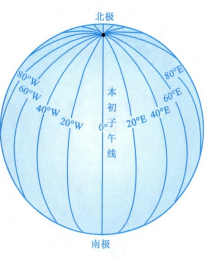

图1-1 经线示意图

(二)纬线

纬线是与地轴垂直并且环绕地球一周的圆圈,且与经线垂直相交,如图1-2所示。纬线是半径不同的圆圈,最长的纬线圈——赤道,叫作0°纬线。从赤道向北度量的纬度叫北纬,向南的叫南纬。南、北纬各有90°,北极是北纬90°,习惯上用"N"作代号,南极是南纬90°,习惯上用"S"作代号。

纬度是该纬线上任意一点与地心的连线同赤道平面的夹角,单位为度(°)、分(′)、秒(″)。例如:上海的纬度范围为30°40′N～31°53′N。

地球上任何一点都可以用经度和纬度标示其地理位置,比如:北京天安门广场的位置为116°23′17″E,39°54′27″N。飞机在飞行中,可以随时用经纬度来确定并报告所在位置,也可以在机载设备中输入航路点的经纬度,完成领航工作。

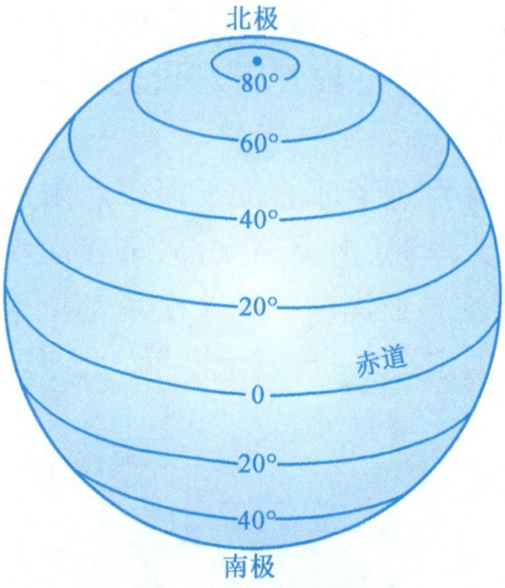

图1-2 纬线示意图

(三)半球的划分

1.东西半球的划分

西经20°、东经160°(20°W,160°E)为东西半球的分界线。

没有直接以东西经0°和180°作为分界线的原因是避免把欧洲和非洲的一些国家分在东西两个不同的半球。习惯上把西经20°以西到东经160°以东的半个地球称为西半球。西半球的陆地有南美洲的全部、北美洲的主体部分、亚洲东北的一小部分、非洲西边的一小部分、欧洲西边的一小部分、大洋洲东部的一小部分和南极洲西部的一部分。

西经20°以东,东经160°以西之间为东半球。依照此分法,东半球的陆地有:亚洲绝大部分、南极洲的东部、欧洲的绝大部分、非洲的绝大部分、北美洲西北部的一小部分和大洋洲的绝大部分以及许多其他岛屿。东、西半球示意图如图1-3所示。

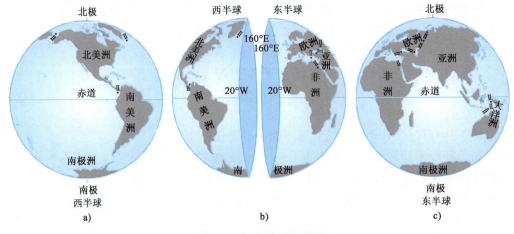

图1-3 东、西半球示意图

2. 南北半球的划分

南北半球是以赤道为分界线。

北半球是指赤道以北的半球。地球上大部分的陆地(亚洲大部分、欧洲全部、非洲北半部、北美洲全部、南美洲北部)和人口都在北半球。北半球冬季通常是12月至2月,夏季通常是6月至8月,与南半球四季相反。

南半球是指在南极和赤道之间的半个地球,即赤道以南为南半球。位于南极点附近的是南极洲。巴西、澳大利亚是南半球最大的两个国家。大洋洲、南美洲大部,都在南半球。亚洲的印度尼西亚70%以上的国土位于南半球。东帝汶是亚洲唯一一个全境都位于南半球的亚洲国家。非洲被赤道横贯中部,是世界上南半球国家最多的一个洲。南、北半球示意图如图1-4所示。

图1-4 南、北半球示意图

二、地球运动

地球运动造成了昼夜交替、四季变换,这些自然规律对于民航运输活动有着直接的关联和影响,为了更好地理解民航运输相关业务,必须适当了解地球运动的规律。

(一)地球自转

地球绕地轴自西向东自转,平均角速度为每小时转动15°,自转一周360°,花费时间为24h,即一天。地球自转产生了昼夜更替现象。由于地球是一个不发光也不透明的球体,所以在同一时间里,太阳只能照亮地球表面的一半。向着太阳的半球,是白天,背着太阳的半球,是黑夜,如图1-5所示。昼半球和夜半球的分界线(圈),叫作晨昏线(圈)。

由于地球自转,还产生了地转偏向力,地转偏向力会使运动的物体产生方向的偏移,具体表现在北半球运动的物体向右偏,南半球运动的物体向左偏。地球自转偏向力在日常生活中可忽略不计,但在航天、航空、气象领域是一种不可忽视的力。这种偏移影响飞机的飞行,使飞机飞行方向发生偏离,尤其当飞机在长距离飞行时其作用更加明显,在实际飞行中,必须克服这一偏转,才能到达目的地。

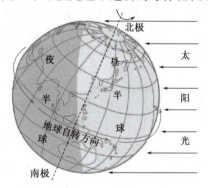

图1-5 地球自转造成的日夜更替现象

(二)地球公转

地球自西向东绕太阳的运动,叫作公转。笼统地说,地球公转周期是一"年"。地球公转所选取的参考点不同,"年"的长度也略有不同。常用的周期单位有恒星年、回归年和近点年。

小链接

1. 恒星年

地球公转的恒星周期就是恒星年。恒星年是以某一恒星或星系作为参照物,地球绕日公转运动一周的周期。恒星或星系距离我们十分遥远,因此地球无论怎样绕日运动,地轴的空间指向完全可以看作是不变的。从地球上看,一个恒星年的长度就是太阳在黄道上,连续两次通过同一恒星的时间间隔。

恒星年是以恒定不动的恒星为参考点而得到的,所以它是地球公转360°的时间,是地球公转的真正周期。恒星年长度为365.2564日,即365日6小时9分10秒。

2. 回归年

地球公转的春分点周期就是回归年。从地球上看,太阳连续两次过春分点的周期就是回归年。从地心天球的角度来讲,一个回归年的长度就是视太阳中心在黄道上,连续两次通过春分点的时间间隔。

> 春分点是黄道和天赤道的一个交点，由于地轴进动的原因，造成了岁差现象，使太阳连续两次通过春分点所走的角度不足360°，而是约359°59′9″。这就是在一个回归年期间地球公转的角度。因此，回归年不是地球公转的真正周期，只表示地球公转了359°59′9″所需要的时间，即365日5小时48分46秒。这是根据121个回归年的平均值计算出来的结果。
>
> **3. 近点年**
>
> 地球公转的近日点周期就是近点年。这种周期单位是以地球轨道的近日点为参考点而得到的。在一个近点年期间，地球连续两次过地球轨道的近日点。由于近日点是一个动点，它在黄道上的移动方向是自西向东的，即与地球公转方向相同，移动的量为每年11″，所以，近点年也不是地球公转的真正周期，一个近点年地球公转的角度为360°0′11″，即365日6小时13分53秒。
>
> 恒星年是地球真正的公转周期，具有重要的天文学意义。回归年是四季变化的周期，它与人类的生活生产关系极为密切，也是日常生活中使用的年的概念。

地球的公转轨道是一个近似正圆的椭圆形，太阳处于其中一个焦点附近。地球的自转相对太阳始终保持某一个角度（黄赤交角），由于黄赤交角的存在，造成太阳直射点在地球南北纬23°26′之间往返移动的周年变化，从而引起正午太阳高度的季节变化和昼夜长短的季节变化，造成了各地获得太阳能量多少的季节变化，于是形成四季的更替，如图1-6所示。由于赤道附近总是处于太阳光线的直射状态，所以热带地区只有夏季。

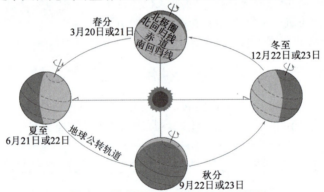

图1-6 地球公转造成的四季变化现象

季节更替和昼夜长短的变化，是航空公司安排航班计划考虑的主要因素之一。按照国际惯例，我国民航业每年都要进行两次航班计划调整。其中每年3月的最后一个周日至10月的最后一个完整周的周六，执行夏秋航季航班计划。10月的最后一个周日到第二年3月的最后一个完整周的周六，执行冬春航季航班计划，所以每年3月、10月就迎来"航班换季"。全球民航每年统一进行的这两次换季，一方面是为了适应部分国家冬令时到夏令时的时间转换，另一方面也是考虑到不同旅游目的地淡旺季的航线需求，根据人们出行需求和周期性特点而作出航班计划调整。

三、时区时差计算

地球自转造成了时差，时差的存在对于航空运输的影响明显，尤其对于长距离的洲际航线而言,时差对于机组人员和旅客的生物钟产生很大影响。目前,世界主要航线的分布多呈东西向,这些航线必将跨越经线,因此大部分国际航班都涉及时差换算的问题。在制订航班计划时,航空公司也会考虑始发地与目的地的当地时间,目前,大部分客运航班集中在白天运营,而晚上则主要运营货运航班。

(一)理论区时

1884年,在华盛顿召开的国际经度会议上,规定以本初子午线(0°)为标准,把从西经7.5°到东经7.5°作为0时区,从0时区开始向西和向东每15°就划分为一个时区,分别划了12个时区。这样,全球被划分为24个时区。其中,东12区和西12区各跨越经度7.5°,合为一个时区,称作东西12区。

每个时区都有其中央经线,一律使用该中央经线的时间作为这个区的区时。例如,北京在东八区,这一区的中央经线为东经120°,北京时间就是以东经120°的时间作为标准时间。"区时系统"在很大程度上解决了各地时刻的混乱现象,使得世界上只有24种不同时刻存在,而且由于相邻时区间的时差恰好为1h,这样各不同时区间的时刻换算变得极为简单。地球自西向东自转,从零时向东,每跨越一个时区,时间拨快1h,向西每跨越一个时区,时间拨慢1h。世界时区划分如图1-7所示。

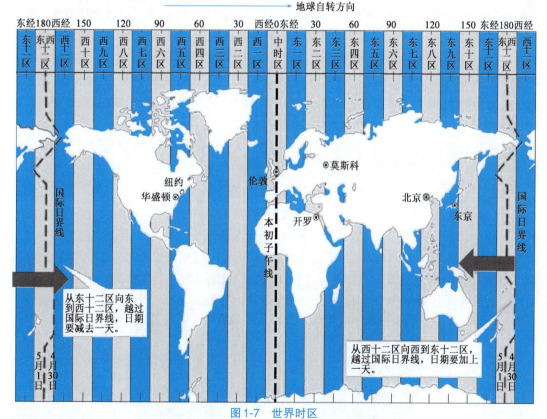

图1-7 世界时区

(二)当地标准时

区时是为了计时方便,经国际协商而定的一种计时手段。实际上,一些国家的时区并不完全按照经线，而是参照各国行政区域和自然界限来划分，因此与理论区时略有差异。这样划分的时刻系统称为当地标准时(Local Standard Times, LST)，它是各国实际采用的时刻系统。在世界各国实际划分的时区图上，时区之间的界限不完全是经线，多呈曲线与折线，其主要原因就是考虑了行政区划。比如我国疆域从西到东跨越五个时区，但是为了减少时间转换的麻烦，统一采用北京时间作为全国标准时间，再根据当地实际情况安排作息，像新疆的一些城市10:30上班、19:30下班，实际上就是结合了新疆位于东六区的区时。也有一些国家实行多时区制，如美国、加拿大、澳大利亚、巴西等，在本国内就使用多个时区，在不考虑夏令时的情况下，纽约在美国东海岸，采用的是西五区的时间，而洛杉矶在美国西部，采用的是西八区的时间，当在这些国家旅行时，即使是国内航班也要考虑时差问题。还有一些国家采用了半时区，比如印度、伊朗、土库曼斯坦等，伊朗有一半国土在东三区、一半国土在东四区，因此它采用了东3.5区的区时。

(三) 格林尼治标准时间

格林尼治标准时间(Greenwich Mean Time, GMT)，是指位于英国伦敦郊区的皇家格林尼治天文台的标准时间，因为本初子午线被定义为通过那里的经线。理论上来说，格林尼治标准时间的正午是指当太阳横穿格林尼治子午线时的时间。但由于地球在它的椭圆轨道里的运动速度不均匀，这个时刻可能和实际的太阳时相差16min。地球每天的自转是有些不规则的，而且正在缓慢减速。所以，格林尼治时间已经不再被作为标准时间使用。现在的标准时间采用的是协调世界时(Universal Time Coordinated, UTC)，UTC更加科学、更加精确，它是以原子时为基础，在时刻上尽量接近世界时的一种时间计量系统。但为了方便，在不需要精确到秒的情况下，通常将GMT和UTC视作等同。

(四) 国际日期变更线

为避免日期紊乱的问题，人们提出了"国际日期变更线"的概念，即把东西十二区之间的180°经线称为国际日期变更线。自西向东越过日界线，减一日，自东向西越过日界线，加一日。东西十二区的时间相同，但日期不同，西十二区比东十二区晚一天。为避免在一个国家中同时存在两种日期，日界线并不是一条直线，而是一条折线，它北起北极，通过白令海峡、太平洋，直到南极，这样日界线不穿过任何国家。国际日期变更线如图1-8所示。

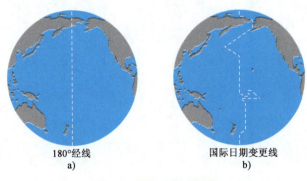

图1-8 国际日期变更线

(五)夏令时

夏天太阳升起比较早,白天时间很长,为了更充分地利用白天的光照和节约能源,世界上不少国家都采用夏令时(Daylight Saving Time,DST),每到夏天就将时间提前一个小时(也有提前半个小时或者一个半小时的情况),到了冬季再把时间拨回来。例如美国、英国、俄罗斯等100多个国家实行夏令时,我国也曾于1986—1991年实行过夏令时。在安排航班时刻表时,要注意航班通达的地方,哪些国家正在施行夏令时,从而避免影响国际航班的衔接。

(六)时区时差和飞行时间计算

航空公司航班时刻表中公布的出发和到达时间都是地方时间。例如:MU551航班每天13:55从上海出发,到达法兰克福的时间为18:40,起飞和到达时间分别是上海和法兰克福的当地时间。在民航运输相关业务中,国际时间的应用主要体现在换算不同地方的当地时间和计算航班的空中旅行时间。

> **小链接**
>
> 很多国际航班跨越时区较多,会给旅行者带来飞行时差反应(Jet Lag)。时差改变了旅客原有的生物钟,容易造成睡眠障碍,严重者还会导致消化不良、头痛,耳鸣等"时差综合症"。所以一般在长距离国际航线飞行时,航空公司会采取适当措施来帮助旅客调整时差,比如会通过调节座舱灯光强度或者调整供餐时间,让旅客尽快适应目的地的时间节奏。对于需要快速进入工作的商务人士或者时差反应很严重的旅客,可以适当服用褪黑素等药物调节睡眠,具体还需咨询医生建议。

1.时区时差计算

进行时差换算时,我们可以采用《官方航空指南》(Official Aviation Guide,OAG)中公布的国际时间换算表(International Time Calculator)查询时差信息,也可以通过网络资源或中国民航信息网络股份有限公司工作系统获取。美国时区表示例如图1-9所示。

时区	标准时间	夏令时
东部时区(印第安纳州除外)	UCT-5	UCT-4
中部时区	UCT-6	UCT-5
山地时区(亚利桑那州除外)	UCT-7	UCT-6
山地时区,亚利桑那州	UCT-7	
太平洋时区	UCT-8	UCT-7
阿拉斯加时区	UCT-9	UCT-8
夏威夷-阿留申时区	UCT-10	

图1-9 美国时区表

例1-1:当格林尼治标准时GMT为8月31日05:20时,洛杉矶时间是几点?

解:

洛杉矶8月31日是夏令制,当地时间为GMT-7,比格林尼治标准时慢7h,计算如下:

```
      0520/31AUG     （GMT）
  —   0700           （时差）
      2220/30AUG     （洛杉矶时间）
```

洛杉矶时间为8月30日22:20。

例1-2：MU587航班2023年9月4日11:30从上海出发,到达纽约的时间为14:25,问此时上海是几点？

解：

上海当地时间为GMT+8,纽约9月4日是夏令时,当地时间为GMT-4,上海时间比纽约时间快12h,计算如下：

```
      1425/04SEP     （GMT）
  +   1200           （时差）
      2625/04SEP
  即  0225/05SEP     （上海时间）
```

上海时间为9月5日2:25。

2.飞行时间计算

在计算国际航班的飞行时间时,由于航班时刻都是以始发地和目的地的当地时间来表示,通常不在同一个时区,无法直接计算,因此需要将始发地和目的地时间都换算为同一个时区再进行计算。可以将始发地和目的地时间均换算为GMT时间,也可以将目的地时间换算成始发地时间或者将始发地时间换算为目的地时间。

例1-3：MU587航班2023年9月4日11:30从上海出发,到达纽约的时间为14:25,请计算旅客在空中的飞行时间。

解：

第一步:将起飞时间换算成GMT时间。

上海当地时间为GMT+8,当上海为9月4日11:30,GMT时间应该慢8h,为9月4日03:30。

第二步:将到达时间换算成GMT时间。

纽约9月4日当地时间为GMT-4,因此当纽约为9月4日14:25,GMT时间应该快4h,为18:25。

第三步:到达时间减去起飞时间。

```
      1825/04SEP（GMT）
  —   0330/04SEP（GMT）
      1450
```

即该旅客的空中飞行时间为14h50min。

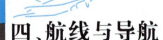

四、航线与导航

(一)航线

飞机飞行的路线称为航线,航线确定了飞机飞行的具体方向、起讫和经停地点。

在飞行中,我们希望飞机飞行的距离尽可能短,这样才能最大限度节省航油,同时也要满足导航的需求以及航行便利的考虑。理论上,飞机飞行有两种航线选择,分别为大圆航线和等角航线。

1. 大圆航线

在平面飞行时,两点之间线段距离最短,但由于地球是一个球体,所以飞机飞行的路线是曲线,最短的曲线就是大圆航线。

地球是一个椭球体,椭球面上的问题计算十分复杂,因此,在实际应用中,往往把地球看作一个正球体。通过地面上任意两点和地心作一平面,平面与地球表面相交看到的圆周就是大圆。两点之间的大圆劣弧线是两点在地面上的最短距离。沿着这一段大圆弧线航行时的航线称为大圆航线。由于大圆航线是两点之间的最短航线,故有时称为最经济航线。图1-10中,地球上 F 点和 T 点之间的大圆航线就是通过 F、T 两点和地心 O 作的平面与球面相交的劣弧。因此,从中国飞美国的航班往往是先向北飞行,穿过俄罗斯领空,再向南飞,穿过加拿大领空进入美国,这样的飞行贴合大圆航线,飞行距离最短,当然,在实际远距离飞行中,还需要考虑航路导航设施及国际民航组织对于备降机场等的要求,是近似的大圆航线。

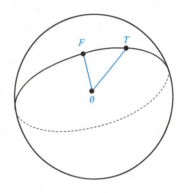

图1-10　大圆航线

2. 等角航线

等角航线是指地球面上一条与所有经线相交成等方位角的曲线,又名恒向线、斜航线。在地球表面上除经线和纬线以外的等角航线,都是以极点为渐近点的螺旋曲线。等角航线如图1-11所示。

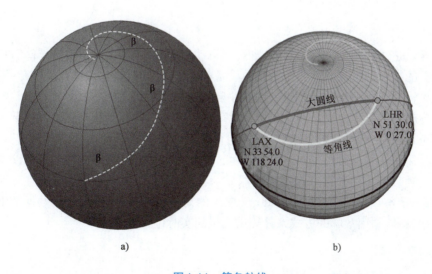

图1-11　等角航线

等角航线飞行距离大于大圆航线,但是在飞行中不需要调整航线角,为飞行带来了便利。因此,在近距离飞行时,比如国内航线,飞大圆航线和等角航线的距离往往只相差几十公里,这时就应采用等角航线。但当远距离飞行时,比如从北京到旧金山,如果使用等角航线的话,也就是沿北纬40°飞行,飞行距离是10248km,而使用大圆航线只需要飞行9084km,大圆航线要比等角航线短1164km,可以节省十多吨燃油,此时就会将大圆航线和等角航线搭配使用,将全航程大圆航线划分成几个航段,每一航段内按等角航线飞行,这样,既兼顾了经济利益,也便于空中导航。当然实际飞行中,还需要考虑导航及备降机场距离的要求。

(二)导航

航路是指根据地面导航设施建立的供飞机作航线飞行之用的具有一定宽度的空域。该空域以连接各导航设施的直线为中心线,规定有上限和下限高度和宽度,宽度通常为20km。划定航路的目的是维护空中交通秩序,提高空间利用率,保证飞行安全。

飞机在航路上飞行需要导航,导航从最开始的目视判别地表物体来确定航向到现在利用惯性导航、无线电技术、空间技术、电子计算机等先进技术进行引导,大大提高了导航的准确性,使飞机在全球海、空领域内自由航行。

导航的实质是确定物体所在的经纬度位置,常用的导航方法有四种:天文导航、惯性导航、无线电导航和卫星导航。

1.天文导航

天文导航是根据天体来测定飞行器位置和航向的航行技术。天体的坐标位置和它的运动规律是已知的,测量天体相对于飞行器参考基准面的高度角和方位角就可以计算出飞行器的位置和航向。天文导航系统是自主式系统,不需要地面设备,不受人工或自然形成的电磁场的干扰,不向外辐射电磁波,隐蔽性好,定向、定位精度较高,定位误差与时间无关,因而天文导航在航天器上得到一定的应用。但是这种导航方式容易受到天气条件的制约,当空中能见度较差时,无法对天体进行观测,也就无法实施导航。

2.惯性导航

惯性导航是通过测量飞行器的加速度,并自动进行积分运算,获得飞行器瞬时速度和瞬时位置数据的技术。组成惯性导航系统的设备都安装在运载体内,工作时不依赖外界信息,也不向外界辐射能量,不易受到干扰,是一种自主式导航系统。

惯性导航系统通常由惯性测量装置、计算机、控制显示器等组成。惯性测量装置包括加速度计和陀螺仪,又称惯性导航组合。3个自由度陀螺仪用来测量飞行器的3个转动运动;3个加速度计用来测量飞行器的3个平移运动的加速度。计算机根据测得的加速度信号计算出飞行器的速度和位置数据。控制显示器显示各种导航参数,实现功能。惯性导航系统在装上飞机后,能够读取飞机实时的速度、转向时的角度及高度,通过这几个数据加上起飞时输入的数据,就能利用数学的方式来计算出飞机的实时位置。

3.无线电导航

无线电导航是目前最主要的导航方式,是指利用无线电保障运载工具安全,准时地从一地航行到另一地的技术和方法。借助于载体上的电子设备接收和处理无线电电波获得导航参量,保障载体安全、准确、及时地到达目的地的一种导航手段。无线电导航在军事和民用方面有着广阔的应用前景。

无线电导航设备在过去几十年中发展出很多种类。我国目前正在使用的主要有两类:一类叫无方向信标NDB,也叫中波导航台;另一类是甚高频全向信标VOR和测距仪DME组成的系统。

4. 卫星导航

卫星导航是指利用卫星导航定位系统提供的位置、速度、时间等信息来完成对地球各种目标的定位、导航、监测和管理。在卫星导航系统中卫星的位置是已知的,用户利用其导航装置接收卫星发出的无线电导航信号,经过处理以后,可以计算出用户相对于导航卫星的几何关系,最后确定出用户的绝对位置,有时还可以确定出运动速度。

卫星导航综合了传统导航系统的优点,真正实现了各种天气条件下全球高精度被动式导航定位,特别是时间测距卫星导航系统,不但能提供全球和近地空间连续立体覆盖、高精度三维定位和测速,而且抗干扰能力强。

目前,全球主要的卫星导航系统有以下几种:

(1)全球卫星定位系统(GPS)

全球卫星定位系统(Global Positioning System, GPS)是美国开发的全球测时与测距导航定位系统。GPS利用在空间飞行的卫星不断向地面广播发送某种频率并加载了某些特殊定位信息的无线电信号来实现定位测量。该系统由空间运行的卫星星座、地面控制部分、用户部分三部分组成。GPS的空间部分由24颗卫星组成,可供用户进行三维的位置和速度确定,民用领域开放的定位精度为10m,军用可达到1cm。GPS是常用的民航飞机导航系统。

(2)俄罗斯格洛纳斯系统(GLONASS)

GLONASS系统最早开发于苏联时期,后由俄罗斯继续该计划。该系统于2007年开始运营,当时只开放俄罗斯境内卫星定位及导航服务。到2009年,其服务范围已经拓展到全球。GLONASS系统也是军民两用,该系统在轨的卫星共有24颗,其中工作卫星21颗,备份星3颗。

(3)欧洲伽利略系统(GALILEO)

伽利略卫星导航系统(Galileo Satellite Navigation System),是由欧盟研制和建立的全球卫星导航定位系统,该计划于1999年2月由欧洲委员会公布,欧洲委员会和欧空局共同负责。欧盟于1999年首次公布伽利略卫星导航系统计划,其目的是摆脱欧洲对美国全球定位系统的依赖,打破其垄断。该项目拟发射32颗卫星,总投入达34亿欧元。因各成员国存在分歧,计划几经推迟。2023年1月27日,欧空局在第15届欧洲太空会议上宣布,由28颗卫星组成的伽利略全球导航卫星系统,其高精度定位服务(HAS)已启用,水平和垂直导航精度分别可达到20cm和40cm。

(4)中国北斗系统(BDS)

北斗卫星导航系统(Beidou Navigation Satellite System,简称BDS,又称为COMPASS,中文

音译名称为BeiDou)是中国自行研制的全球卫星导航系统,也是继GPS、GLONASS之后的第三个成熟的卫星导航系统。北斗卫星导航系统(BDS)和美国GPS、俄罗斯GLONASS、欧盟GALILEO,是联合国卫星导航委员会已认定的供应商。

北斗卫星导航系统由空间段、地面段和用户段三部分组成,可在全球范围内全天候、全天时为各类用户提供高精度、高可靠定位、导航、授时服务,并且具备短报文通信能力,已经初步具备区域导航、定位和授时能力,定位精度为分米、厘米级别,测速精度0.2m/s,授时精度10ns。

全球范围内已经有137个国家与北斗卫星导航系统签下了合作协议。随着全球组网的成功,北斗卫星导航系统未来的国际应用空间将会不断扩展。

2023年5月17日10时49分,中国在西昌卫星发射中心用长征三号乙运载火箭,成功发射第56颗北斗导航卫星。

五、气象与飞行

随着科技的不断进步,飞机性能日趋完善,飞机本身的安全性达到了很高的水平,但是有些特殊的危险天气、极端天气气候事件会威胁飞行安全。气象条件是客观存在的,而它对飞行活动影响的好坏,却往往因人们主观处置是否得当而有不同的结果。飞行人员、空中交通管制人员和民航其他工作人员需要具备一定的航空气象知识,才能做到充分利用有利天气,避开不利天气,预防和减少危险天气的危害,顺利完成飞行任务。

(一)大气层和飞行环境

大气层是地球最外部的气体圈层,包围着海洋和陆地,大气层的厚度大约在1000km以上,但没有明显的界线。整个大气层随高度不同表现出不同的特点,分为对流层、平流层、臭氧层、中间层、电离层和散逸层,外面是星际空间,大气层示意图如图1-12所示。

图1-12 大气层示意图

1. 对流层

对流层是紧贴地面的一层,它受地面的影响最大。因为地面附近的空气受热上升,而位于上面的冷空气下沉,这样就发生了对流运动,所以把这层叫作对流层。

对流层是大气中的最底层,它的底界是地面,顶界则随纬度、季节等变化。它离地面的平均高度,在地球中纬度地区约11km,在地球赤道约17km,在两极较低为7~8km。夏季的对流层厚度大于冬季。

对流层的特点是:空气的温度随高度的升高而降低,平均每升高1km,气温降低6.5℃,含有大量的水蒸气及其他微粒,因而有云、雨、雾、雪等天气现象。由于地形、地貌的不同和气温、气压的变化造成空气在垂直方向和水平方向的强烈对流,会使飞机剧烈颠簸,给飞行带来很大的影响。

2. 平流层

平流层亦称同温层,该层位于对流层之上,其上界伸展至约55km处,是地球大气层里上热下冷的一层。此层被分成不同的温度层,中高温层置于顶部,而低温层置于底部。它与位于其下、贴近地表的对流层刚好相反,对流层是上冷下热的。在平流层的上层,即30~35km以上,温度随高度升高而升高;在30~35km以下,温度随高度的增加变化不大,气温趋于稳定,故该层又称为同温层。

在中纬度地区,平流层位于离地表10~50km的高度,而在极地,此层则始于离地表8km左右。

平流层的特点是:在30~35km以下,温度大体不变,平均在-56.5℃左右,几乎不存在水蒸气,所以没有云、雨、雾、雪等天气现象。气流主要表现为水平方向运动,对流现象减弱,晴朗无云,很少发生天气变化,适于飞机航行,是飞机飞行比较理想的空间。在20~30km高处,氧分子在紫外线作用下,形成臭氧层,像一道屏障保护着地球上的生物免受太阳紫外线及高能粒子的袭击。

3. 中间层

平流层之上,从平流层顶至高于海平面约85km的一层为中间层。民航飞机飞行不到这个高度。该层内因臭氧含量低,同时,能被氮、氧等直接吸收的太阳短波辐射已经大部分被上层大气所吸收,所以温度垂直递减率很大,对流运动强盛。

中间层的特点是:气温随高度增高而迅速降低,中间层的顶界气温降至-113 ~ -83℃;出现强烈的对流运动,这是由于该层大气上部冷、下部暖,致使空气产生对流运动。但由于该层空气稀薄,空气的对流运动不能与对流层相比。

4. 电离层

从中间层顶到800km高度为电离层。这一层空气密度很小。离暖层里的气温很高,据人造卫星观测,在300km高度上,气温高达1000℃以上,所以这一层也叫作暖层或者热层。

电离层的特点是:随着高度的增加,气温迅速升高;空气处于高度电离状态。电离层具有反射无线电波的能力,对无线电通信有重要意义。

5.散逸层

电离层以上的大气统称为散逸层,又叫外层。散逸层的下界距离地表800km以上,而顶界为2000~3000km的高度,这里也可被视作地球大气层的上界。散逸层空气极为稀薄,其密度几乎与太空密度相同。由于温度高,空气粒子运动速度很大,又因距地心较远,地心引力较小,所以这一层的主要特点是大气粒子经常散逸至星际空间。

根据大气层的特点,对流层的上部和平流层内应该是飞机飞行的理想层次。由于对流层空气的对流运动十分显著,不利于飞机平稳飞行。但是,目前平流层还未被充分利用。首先,是因为随着高度的增加,空气逐渐稀薄,飞机对操纵的反应相对迟缓。这些缺陷只有通过飞机性能的提高才能解决,另一方面,由于行政区划的限制和空中管制的约束,多数中、短程飞行都被限制在较低的层次中。现代民航运输大部分使用的是喷气式客机,由于装有座舱环境控制系统,巡航高度通常在9000~12500m之间,位于对流层顶部或平流层底部。没有增压的飞机和小型的喷气飞机在7000m以下的对流层中飞行。超声速飞机和一些高速军用飞机,高度可达到13500~18000m。

(二)影响飞机飞行的气象因素

飞机起飞、降落和空中飞行的各个阶段都会受到气象条件的影响,与飞行相关的气象要素主要有:气温、气压、湿度、风、云、降水、能见度等,它们的变化将直接影响飞行,甚至危及飞行安全。飞行人员、空中交通管制人员及民航地面运输服务人员都需要具备一定的航空气象知识,才能做到更好地保障飞行安全,在气象原因造成航班延误时为旅客做好科学解释和安抚工作。

严重影响飞机飞行的天气因素有地面大风、低空风切变、低能见度、雷暴等,这些天气现象都集中发生在7000m以下的对流层中。

1.地面大风

空气的流动形成了风。飞机起飞、着陆时,逆风能缩短滑跑距离,顺风则反之,强烈的侧风会使飞机偏离跑道。气象上,一般把地面风速大于12m/s的风称为大风。飞机起降时所能承受的最大风速取决于机型和风与跑道的夹角,大型宽体客机比小型飞机抗风能力强,风向与跑道夹角越大时,飞机能承受的最大风速就越小。

地面有大风时,往往产生乱流涡旋,从而影响飞机的稳定性能,加大操纵难度。尤其是侧风起降时,飞机起飞和着陆的操纵变得更加复杂。在一定条件下,地面大风还可能伴有风沙、浮尘等,降低地面的能见度,影响飞行安全。

2.低空风切变

风切变是指短距离内风向、风速的突然变化,它会引起飞机受力的突变。它可以出现在高空,也可以出现在低空。出现在600m以下的风切变叫低空风切变。低空风切变经常是伴随着雷暴这样的强对流天气产生,但是在弱雷暴、锋面和积雨云中,甚至在晴天,也可能产生。

风切变产生的时间短、范围小、强度大,而且探测难、预报难、航管难,特别是当风切变发生于低空,飞机正在起飞或者降落时,飞机受力突然发生改变,飞行员难以及时采取措施,容易引发事故。

> **小链接**
>
> 达美航空191号班机是达美航空一条定期航班,从佛罗里达州的劳德代尔堡经停达拉斯后再飞往洛杉矶。1985年8月2日下午,一架洛克希德L-1011型三星式客机(编号N726DA)执行该航班,于降落达拉斯-沃斯堡国际机场时由于进入下击微暴流失事,造成136人死亡,29人生还,27人受伤。微暴流是一种局部性的冷空气下沉,下沉气流到达地面后会向四面八方扩散,引起风场急速转变而产生风切变。在微暴流中不仅有明显的垂直风切变,还有强烈的顺风切变和逆风切变。此次空难促使机载雷达和风切变探测器成为飞机标准装配。

3. 低能见度

能见度是影响飞机安全和正常的关键因素之一。影响能见度的气象要素主要是雾、降水以及沙尘暴。低能见度是指能见度在1000m以下的天气,飞机在低能见度条件下下降,飞行员无法看清跑道和前下方障碍物的具体位置,进近、着陆容易出现飞行偏差,若偏差过大仍然强行落地,容易发生擦发动机、擦翼尖或者滑出跑道等事故。

4. 雷暴

雷暴是由对流旺盛的积雨云引起的,伴有闪电雷鸣的局部风暴。强雷暴云产生的强烈阵风和强风切变,会使飞机失速、倾斜、严重偏离下滑道或者跑道,严重影响起飞、着陆及停场安全。

雷暴是飞机在飞行中所遇到的最恶劣、最危险的天气之一。雷暴区历来被视为飞行活动的"禁区",如果必经之道上有雷雨云封道,那么飞机是不能起飞的。因此,有时会遇到起飞机场和落地机场都是晴空万里,但是飞机因航路天气而延误或取消的情况,这有可能是因为飞行必经之道上存在雷暴等不利天气。

5. 湍流

湍流是一种气流运动,肉眼无法看见,而且经常不期而至。引发湍流的原因可能是气压变化、急流、冷锋、暖锋和雷暴,甚至在晴朗的天空中也可能出现湍流。湍流并非总能被预测出来,雷达有时也发现不了它。飞机遇到湍流,就像汽车行驶在崎岖不平的道路上一样,产生震颤,上下抛掷,左右摇晃,造成操纵困难、仪表不准等现象,这就是飞机颠簸。轻度颠簸时,飞行员全力操纵飞机,仍会暂时失去操纵,当颠簸特别严重时,甚至会造成飞机解体,严重危及飞行安全。

在每次飞行中几乎都会遇到飞机颠簸,一般不会出现太大危险,但是如果遇到强烈的扰动气流,也可能造成严重事故。

6.高空急流

高空急流是指出现在对流层顶部附近或平流层中的一股强而窄的气流。急流宽300~400km,厚2~4km,长1000~12000km,中心最大风力≥30m/s。急流带位置和季节有很大的关系,在中国冬季靠南,夏季靠北,而且还受天气系统的影响,所以急流带的强度、高度以及位置都是随时在变化的。同一航路上飞行的飞机,即使时间相隔不多,可能有的航班会遇到急流,有的则遇不到。

高空急流往往伴随着强烈的湍流、风切变,很容易引起中度和重度的颠簸,这也是高空急流对飞行最大的威胁。急流区有两个显著特点:一是风速大,二是风切变强。由于急流区风速大,顺急流飞行时,使地速增大,可节省燃料,缩短航时,但应避开风切变的不利因素。逆急流飞行则相反,故应避开急流区,选择最小风速区域飞行。横穿急流时,会产生很大的偏流,对领航计算和保持航线有较大影响。

天气原因是造成飞行事故的一个重要因素,在早期的航空飞行中,由于气象原因造成的飞行事故占1/3以上。随着经验的累积以及气象科学的进步,现在能够通过有效的气象预报降低航空事故的概率,中国民用航空局空中交通管理局专门设置有气象部门,为民航飞行提供完善的气象服务,确保飞行安全。

综合测评

一、简答题

1.简述东西半球、南北半球的划分。
2.简述时差和四季变化产生的原因。
3.简述飞机飞行导航的方法。
4.简述影响飞机飞行安全的气象现象。

二、计算题

1.计算89°12′W的理论区时。
2.当迪拜时间为2023年12月12日10:00,求纽约的当地时间。
3.当曼谷时间为2023年7月5日00:30,求斯德哥尔摩的当地时间。
4.旅客乘坐国航CA987航班于2023年12月22日11:30从上海浦东机场起飞,15:00到达大阪关西机场,停留5h 45min后,从关西机场起飞前往夏威夷,12月22日09:10到达火奴鲁鲁机场,计算航班的总体飞行时间。
5.旅客乘坐CX261航班于2024年1月4日00:05从中国香港机场起飞,到达巴黎戴高乐机场的时间为1月4日07:35,计算航班的飞行时间。
6.(1)旅客乘坐2024年2月21日南航CZ327航班21:30从广州白云机场飞往洛杉矶,18:10到达洛杉矶机场,计算航班的飞行时间。

（2）旅客乘坐3月1日CZ328航班22:20从洛杉矶机场飞回广州白云机场，3月3日05:40到达，计算航班的飞行时间。

（3）旅客从中国飞往美国的飞行时间短还是从美国飞往中国的飞行时间短？思考一下原因。

任务二

认识影响航空运输布局的因素

* 一、航空运输布局要素
* 二、影响航空运输布局的因素

◆ **知识目标**

熟悉航空布局的三大要素；
熟悉影响航空布局的因素。

▲ **能力目标**

能够熟练判断不同航线的类型；
能够分析不同城市的航空运输布局状况。

◇ **素养目标**

通过分析不同地区的地理位置、自然条件、经济条件、政治因素、人口情况、技术发展等要素，理解不同区域的民航发展战略，共同建设民航高质量强国。

任务导入	2019年9月25日，北京大兴国际机场这座举世瞩目的世纪工程终于迎来了正式投运的时刻。习近平总书记出席机场投运仪式，宣布机场正式投运并巡览航站楼。大兴国际机场位于永定河北岸，地跨北京市大兴区礼贤镇、榆垡镇，以及河北省廊坊市广阳区，定位为大型国际枢纽机场，国家发展新的动力源，支撑雄安新区建设的京津冀区域综合交通枢纽。大兴国际机场的建成投运，对提升我国民航国际竞争力、更好服务全国对外开放、推动京津冀协同发展具有重要意义。 你知道新机场的建设和选址都受哪些因素影响吗？			
任务实施	分成学习小组，查阅北京、上海和广州的自然地理条件和人口经济条件，以及机场和航司分布情况，分析这些城市的航空运输布局状况。			
任务评价	完成准确性(70%)	小组合作(10%)	语言表达能力(10%)	完成态度(10%)
自评(20%)				
互评(30%)				
教评(50%)				
综合得分				

知 识 讲 解

一、航空运输布局要素

机场、航空公司和航线是构成航空运输生产布局的最基本要素，其中机场提供飞机起降的场所，是地面交通方式和空中交通方式的衔接点；航空公司是飞机的所有者和运力的提供者；航线则代表运力的分布和方向。

(一)机场

1.机场定义及构成

机场，是指供航空器起飞、降落和地面活动而划定的一块地域或水域，包括域内的各种建筑物和设备装置,有时也称为航空港或航站。机场一般由飞行区、航站区和延伸区构成。

(1) 飞行区

飞行区是供飞机起飞、着陆、滑行和停放的区域及其上空对应所需的净空区域,包括跑道、升降带、跑道端安全区、停止道、净空道、滑行道、机坪以及机场净空,还包括一些为维修服务和空中交通管制服务的设施和场地,如机库、塔台、救援中心等。

(2) 航站区

航站区又称客货运输服务区,是指机场内办理航空客货运输业务和提供旅客、货物地面运转服务的区域。主要指航站楼(候机楼)及其配套的交通设施设备。

(3) 延伸区

延伸区是与机场航空服务相关的区域,包括飞机维修区、油库区、航空食品加工区、航空公司和机场单位办公区、生活区、空港经济开发区、空港物流区等。

机场也可分为"非禁区"和"禁区"范围。非禁区包括停车场、公共交通车站、储油区和连外道路,而禁区范围包括所有飞机进入的地方,比如跑道、滑行道、停机坪和储油库。大多数的机场都会在非禁区到禁区的中间范围,做严格的管控。搭机乘客进入禁区范围时必须经过航站楼,办理值机业务并接受安全检查,然后通过登机门登机。货物也需经过收运安检环节才可以进入禁区装载飞机。

2. 机场飞行区等级

机场的飞行区等级决定了机场能起降飞机的机型,进而影响机场的规模。机场飞行区按指标Ⅰ和指标Ⅱ进行分级,机场飞行区指标Ⅰ和指标Ⅱ应按拟使用该飞行区的飞机的特性确定。飞行区指标Ⅰ按拟使用该飞行区跑道的各类飞机中最长的基准飞行场地长度,分为1、2、3、4四个等级。飞行区指标Ⅱ按拟使用该飞行区跑道的各类飞机中的最大翼展或最大主起落架外轮外侧边的间距,分为A、B、C、D、E、F六个等级,两者中取其较高要求的等级。飞行区等级由飞行区指标Ⅰ和飞行区指标Ⅱ构成,可分为1A、1B、1C、2A、2B、2C、3A、3B、3C、3D、4B、4C、4D、4E和4F。飞行区等级具体参数见表2-1。

飞行区等级　　　　　　　　　　　　　　　　　　　　表2-1

飞行区指标Ⅰ	飞机基准飞行场地长度(m)	飞行区指标Ⅱ	翼展(m)	主起落架外轮侧边间距(m)
1	<800	A	<15	<4.5
2	800~1200(不含)	B	15~24(不含)	4.5~6(不含)
3	1200~1800(不含)	C	24~36(不含)	6~9(不含)
4	≥1800	D	36~52(不含)	9~14(不含)
		E	52~65(不含)	9~14(不含)
		F	65~80(不含)	14~16(不含)

机场飞行区等级对机场可使用最大机型做出了限制,目前生产的航空器大多有其对应的飞行区指标,仅有苏联安东诺夫设计局研制生产的安AN-225型运输机(今属乌克兰,2022年3月由于战火原因损毁)超出了4F,其翼展高达88.4m,超出了F类翼展(65~80m)。F类主

流民航机型包括3种:空客A380、波音B747-8、波音B777-9(B777X)。表2-2给出不同飞行区可以起降机型及机场示例。

不同飞行区等级起降机型及机场示例　　　　　　　　　　表2-2

飞行区等级	最大起降机型示例	国内机场示例
4F	空客A380,波音777-8、747-9	北京首都国际机场、北京大兴国际机场、上海浦东国际机场、广州白云国际机场、深圳宝安国际机场、杭州萧山国际机场、成都双流国际机场、成都天府国际机场、西安咸阳国际机场、武汉天河国际机场、南京禄口国际机场、昆明长水国际机场、郑州新郑国际机场、青岛胶东国际机场、重庆江北国际机场、香港国际机场、台北桃园国际机场
4E	空客A330、A340、A350等,波音787-8 787-9 787-10、波音747-100 747-200 747-300 747-400等,波音777-200 777-300等	上海虹桥国际机场、长沙黄花国际机场、济南遥墙国际机场、厦门高崎国际机场、海口美兰国际机场、三亚凤凰国际机场、太原武宿国际机场、福州长乐国际机场、贵阳龙洞堡国际机场、南昌昌北国际机场、沈阳桃仙国际机场、拉萨贡嘎国际机场、澳门国际机场等
4D	空客A300、A310,波音757、767	义乌机场、白山长白山机场、黄山屯溪国际机场、九寨黄龙机场、西双版纳嘎洒国际机场、敦煌莫高国际机场、库尔勒梨城机场等
4C	空客A320、A321,波音737部分型号,中国商飞ARJ21、C919	秦皇岛北戴河机场、大同云冈国际机场、佳木斯东郊机场、上饶三清山机场、武夷山机场、佛山沙堤机场、重庆巫山机场等
3C	空客A319部分型号,波音737-600、波音737-700	天水麦积山机场、阿拉善右旗巴丹吉林机场等

截至2022年12月,中国共有254个民航运输机场(全国统计数据未含港澳台),其中4F级机场15个、4E级机场39个、4D级机场37个、4C级机场158个、3C级机场4个、1B级机场1个。

3.机场的分类

按照使用性质不同可以把机场分为军用机场、民用机场和军民合用机场。民用机场又包括商业运输机场和通用航空机场。本书所讨论的机场范围限定在商业运输机场。按照不同的分类标准,可以把商业运输机场分为不同的类别。

(1)按照机场在民航运输网络中所起的作用划分

按机场在民航运输网络中所起的作用划分,可以把机场分为枢纽机场、干线机场、支线机场。

①枢纽机场:所在城市经济总量和人口规模居全国前列,国际、国内航线密集的大型机场。旅客在此可以很方便地中转到其他机场。国内枢纽机场由北京、上海、广州组成的三大门户复合枢纽机场和重庆江北国际机场、成都双流及天府国际机场、武汉天河国际机场、郑州新郑国际机场、沈阳桃仙国际机场、西安咸阳国际机场、昆明长水国际机场、乌鲁木齐地窝堡国际机场组成的八大区域性门户枢纽机场构成,随着民航高质量发展,区域枢纽机场新增了长沙黄花国际机场、青岛胶东国际机场及天津滨海机场,并扩建石家庄正定机场,逐步培育其成为区域航空枢纽。

②干线机场:以国内航线为主,这类机场航线主要连接省会、自治区首府、重要工业、旅

游及开放城市,是空运量较为集中的机场。深圳宝安国际机场、杭州萧山国际机场、大连周水子国际机场、厦门高崎国际机场、南京禄口国际机场、呼和浩特白塔国际机场、南昌昌北国际机场、哈尔滨太平国际机场、兰州中川国际机场、南宁吴圩国际机场是我国主要的干线机场,随着中国民航的快速发展,这些干线机场也将逐渐发展为区域枢纽。

③支线机场:通常是指省、自治区内经济比较发达的中小城市或旅游城市机场,设计目标年旅客吞吐量小于50万人次(含),主要起降短程飞机。支线节点是航空运输网络中重要的节点,是航空运输需求相对较小的城市与外界交流的重要窗口。支线机场数量众多,占到了我国通航民用机场总数量的76.6%。比如东北的牡丹江海浪国际机场、齐齐哈尔三家子机场、宜宾五粮液机场、安顺黄果树机场、日喀则定日机场等。

(2)按航线性质划分

按航线性质划分,可以将机场划分为国际机场和国内机场。

①国际机场:有国际航线进出,并设有海关、边防检查(移民检查)、卫生检疫和动植物检疫等政府联检机构。

②国内机场:专供国内航班使用的机场。

除了上述分类方法外,还可以按照机场的业务量、所在城市的职能属性等来划分。

4. 城市和机场代码

在民航客货销售、机场地面服务、航空公司运营等诸多业务中,通常使用三字代码来简化表达机场和城市,每个空港城市及其机场都有唯一的三字代码。三字代码的构成有一定规律,通常以英文地名的前三个字母组成,比如巴黎(Paris)城市的三字代码是PAR,新加坡(Singapore)城市的三字代码是SIN。大多数空港城市只有一个机场,这些城市与机场的三字代码通常是相同的,比如广州城市代码是CAN,广州白云机场的三字代码也是CAN。如果一个空港城市有多个机场,城市代码和机场代码通常就不一样了,比如北京有两个民用机场,北京城市的三字代码是BJS,北京首都机场的三字代码是PEK,北京大兴机场的三字代码是PKX。掌握世界及我国重要空港城市和机场的三字代码及其地理分布,是民航运输从业人员的基本素养,本书在任务三认识中国航空地理和任务五认识世界航空地理中收录了常见城市和机场的三字代码,未收录的城市和机场三字代码可以通过网络资源或中国民航信息网络股份有限公司工作系统获取。

(二)航空公司

1. 航空公司相关概念

航空公司是指以营利为目的,使用民用航空器运送旅客、行李邮件或者货物的企业法人。在航空运输中经常会看到用字母或者数字代码来代表航空公司。

(1)航空公司IATA两字代码

国际航空运输协会(International Air Transport Association,IATA)为全球航空公司编制了两个字母的代码,每个航空公司的两字代码都是唯一的。例如:中国东方航空公司的两字代码为MU,德国汉莎航空公司的两字代码为LH,两字代码在航空运输中使用广泛,几乎所有的航空运输业务都以两字代码表示航空公司或承运人。

（2）航空公司IATA数字代码

国际航空运输协会除了为全球各航空公司制定两字代码外，还制定了由三个数字组成的数字代码，用于航空票证的结算，三位数字代码出现在客票票号的前三位。例如：999（国航）、781（东航）、784（南航）。

（3）航空公司ICAO三字代码

ICAO三字代码是由国际民用航空组织制定，由三个字母构成，是航空公司的正式代码，例如：东航（CES），全日空（ANA）。

2. 航空联盟

航空联盟的概念，源自代码共享和延远航线代理制度。所谓联盟，是指两个或者两个以上的航空公司组成一种伙伴关系。航空公司联盟整合他们的旅客服务、贵宾室、航班计划、提供联行机票，甚至到系统的整合，交换持股，使它们的产品、服务、机场设施等更易标准化，提升效率。

航空公司联盟的深度分为三个层次：第一层次——简单的航线联盟，指单条航线或者几条航线上的代码共享，也包括共用机场地面设施等方式，如登机门或者候机厅；第二层次——大范围的商业联盟，涉及衔接各公司的网络和往对方枢纽机场输送旅客，因此合作的内容主要包括航班时刻和地面服务的协调、共享地面设施、联合常旅客计划、代码共享、包销和联合促销等；第三层次——产权联盟，涉及飞行机组互换，联合开发系统软件、联合采购飞机和航油等方式，共同开发运营规划系统、定价和收益管理系统等。第二层次和第三层次的联盟又被称为战略联盟。

现阶段国际上有三大航空公司联盟，它们分别是星空联盟(Star Alliance)、寰宇一家(One World)、天合联盟(Sky Team)。三大联盟均已实现第一种和第二种联盟，正在向第三种联盟深化。

（1）星空联盟

星空联盟(Star Alliance)成立于1997年，总部位于德国法兰克福，是世界上第一家全球性航空公司联盟。星空联盟英语名称和标志代表了最初成立时的五个成员：北欧航空（Scandinavian Airlines）、泰国国际航空（Thai Airways International）、加拿大航空（Air Canada）、汉莎航空（Lufthansa）以及美国联合航空（United Airlines），星空联盟标志如图2-1所示。

星空联盟陆续有航空公司加入或退出，截至2023年，星空联盟有26家正式会员：希腊爱琴海航空公司、加拿大航空公司、中国国际航空公司、印度航空公司、新西兰航空公司、全日空航空公司、韩亚航空公司、奥地利航空公司、哥伦比亚航空、布鲁塞尔航空公司、巴拿马航空公司、克罗地亚航空公司、埃及航空公司、埃塞俄比亚航空公司、长荣航空公司、波兰航空公司、德国汉莎航空公司、北欧航空公司、深圳航空公司、新加坡航空公司、南非航空公司、瑞士国际航空公司、葡萄牙航空公司、泰国国际航空公司、土耳其航空公司、美国联合航空公司，如图2-2所示。

图2-1　星空联盟标志

图2-2 星空联盟各成员标志

（2）天合联盟

天合联盟（Skyteam）于2000年6月成立，其四大创始航空公司为：墨西哥航空（Aero Mexico）、达美航空（Delta Airlines）、法国航空（Air France）和大韩航空（Korean Airlines）。天合联盟的标志见图2-3。

截至2023年，其成员有19家：阿根廷航空公司、墨西哥航空公司、西班牙欧洲航空公司、法国航空公司、台湾中华航空公司、中国东方航空公司、捷克航空公司、达美航空公司、印尼鹰航公司、意大利航空公司、肯尼亚航空公司、荷兰皇家航空公司、大韩航空公司、中东航空公司、沙特航空公司、罗马尼亚航空公司、越南航空公司、维珍航空公司和厦门航空公司，如图2-4所示。

图2-3 天合联盟标志

图2-4 天合联盟各成员标志

（3）寰宇一家

寰宇一家于1999年2月由美国航空（American Airlines）、英国航空（British Airways）、国泰航空（Cathay Pacific Airways）、澳洲航空（Qantas Airways）、加拿大航空（Air Canada）5家航空公司发起结盟。寰宇一家标志如图2-5所示。

截至2023年，寰宇一家有13家成员航空公司，分别是：阿拉斯加航空公司、美国航空公司、英国航空公司、国泰航空公司、芬兰航空公司、西班牙国家航空、日本航空公司、马来西亚航空公司、澳洲航空公司、卡塔尔航空公司、约旦皇家航空公司、摩洛哥皇家航空公司、斯里兰卡航空公司，如图2-6所示。

图2-5　寰宇一家联盟标志

图2-6　寰宇一家各成员标志

世界主要航空公司及其两字代码，见表2-3。

表2-3　世界主要航空公司及其两字代码

航空公司名称	两字代码	航空公司名称	两字代码
中国国际航空公司	CA	上海航空	FM
中国东方航空	MU	台湾中华航空	CI
中国南方航空	CZ	长荣航空	BR
四川航空	3U	国泰航空	CX
深圳航空	ZH	澳门航空	NX
海南航空	HU	全日空航空	NH
山东航空	SC	日本航空	JL
吉祥航空	HO	大韩航空	KE
天津航空	GS	韩亚航空	OZ
春秋航空	9C	印度航空	AI
厦门航空	MF	越南航空	VN

续上表

航空公司名称	两字代码	航空公司名称	两字代码
澳洲航空	QF	南美航空	LA
新西兰航空	NZ	沙特航空	SV
德国汉莎航空	LH	阿提哈德航空	EY
英国航空	BA	土耳其航空	TK
维珍航空	VS	卡塔尔航空	QR
加拿大航空	AC	俄罗斯航空	SU
美国达美航空	DL	新加坡航空	SQ
美国航空	AA	芬兰航空	AY
美国西南航空	WN	泰国航空	TG
美国联合航空	UA	阿联酋航空	EK
法国航空	AF	菲律宾航空	PR
荷兰皇家航空	KL	埃塞俄比亚航空	ET
瑞士国际航空	LX	马来西亚航空	MH

(三)航线

1.航线定义

航线是指连接两个或多个地点,进行定期或不定期飞行,并且对外经营运输业务的航空交通线。航线不仅确定了飞机飞行的具体方向、起止点和经停点,而且还根据空中交通管制的需要,规定了航线的宽度和飞行高度,以维护空中交通秩序,保证飞行安全。飞机航线的确定除了考虑安全因素外,还取决于经济效益和社会效益的大小。一般情况下,航线安排以大城市为中心,在大城市之间建立干线航线,同时辅以支线航线,由大城市辐射至周围小城市。

2.航线分类

按照不同的标准,航线可作不同的划分,按照航线起讫点及经停点地理位置的不同,可将民航航线分为国际航线和国内航线两大类。

(1)国际航线

国际航线是指飞行的路线连接两个或两个以上国家的航线。在国际航线上进行的运输是国际运输。一个航班的始发站、经停站或终点站,有一点在境外的,均作为国际运输。

(2)国内航线

国内航线是指连接国内航空运输中心的航线。航线的起讫点、经停点均在一国国境之内。又可划分为干线、支线和地方航线。

①国内干线

干线航线的起讫点都是重要的交通中心城市,航线航班数量大、密度高、客流量大。如北京—上海、北京—广州的航线等。

②国内支线

支线是把各中小城市和干线上的交通中心连接起来的航线。国内支线的特点是客流密度远小于干线,支线上的起讫点中有一方是较小的机场。

③地方航线

地方航线是把中小城市连接起来的航线。客流量很小,和支线界限很明确,也可称为省内航线或地方航线。

3. 航线网络结构

航空运输布局是否能实现资源的优化配置,其中航线网络采取何种结构方式是一个非常关键的因素。航线网络可采用城市对式、城市串式和中枢辐射式三种类型。

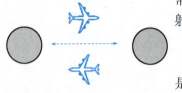

图2-7 城市对式航线结构

(1)城市对式

城市对式是指在两个城市之间开辟直达航线,其基本特点是两地间都为直飞航线,旅客不必中转,比如北京—巴黎,适用于客货流量较大的机场之间,如图2-7所示。

①优点

城市对式航线网络对旅客而言,可以以最短的飞行时间到达目的地。对于航空公司而言,由于航班间的运营没有任何相互关联,所以比较容易进行运力的调配。因此,这是目前我国航线结构中采用的一种主要形式。

②缺点

城市对航线网络由于网络中航班间没有相互关联,一条航线承载的旅客仅限于该航线城市对间的旅客需求,而仅限于一个航空市场的需求又往往有限,因此这种航线网络从根本上抑制了航班客座率和载运率。

(2)城市串式

城市串式是指飞机从始发地至目的地的途中经一次或多次停留,在中途机场进行客货补充,以弥补起止机场的客货源不足。该结构的特点是一条航线由若干航段组成,航班需要在途中经停获得补充的客货源,如图2-8所示。目前,我国部分国际航线和国内航线采取这种形式。

①优点

航班在途中经停获得补充的客货源,提高飞机的利用率、载运率和客座率,节省运力。

②缺点

这种方式容易造成航班延误和影响正常的运力调配。由于经停站较多,一旦延误,会影响整个航程乃至整个网络中的运力调配。

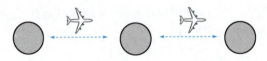

图2-8 城市串式航线结构

（3）中枢辐射式

中枢辐射航线是指航空公司将一个或几个适当的机场作为中间枢纽,其周边较小的城市间不直接通航,而是通过在中间枢纽进行有效中转完成衔接的一种航线网络布局模式,如图2-9所示。

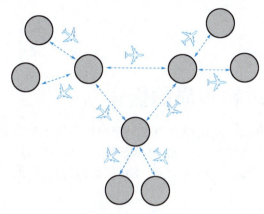

图2-9　中枢辐射式

枢纽机场一般为规模相对较大的民用运输机场,位于经济发达地区的核心位置,是整个航线网络的焦点。由于这种航线网络中各非枢纽机场间没有航线直接衔接,网络布局呈现出以枢纽机场为轴心向其他机场辐射的特点,因此称作"中枢辐射式"航线网络。中枢辐射式航线结构是目前空运发达国家的航线网络中所常见的形式。

①优点

a.能更好适应市场需求。在多数国家的空运市场需求中,总是少数大型中枢机场空运需求量大,而多数中小型机场的空运需求量较少。因此,在中枢机场之间建立干线,采用大中型飞机,在中枢机场和中小城市之间建立辐射式支线,采用中小型飞机,可以保证干线和支线都有较高的航班密度和载运率。

b.能刺激需求,促进航空运输量的增长。在中枢航线结构中,干线与支线功能有机地连接在一起,大小机群与航线匹配,能使航空公司的运营效率提高、运营成本降低,从而可降低票价,进一步刺激市场需求。

c.有利于航空公司提高飞机的利用率、客座率和载运率。中枢航线结构的建立,可将原来小型机场对飞航线上的空运量转移到干线上来,从而提高了干线上的客座率和载运率。原来吞吐量较少的机场改用小型飞机运营,通过支线与中枢机场连接进而与干线连通,避免了在运量较少的机场之间采用大中型飞机对飞而造成的运力过剩,同时,也提高了小型飞机的客座率和载运率。

d.有利于机场提高经营效益。中枢航线结构的建立,使得中枢机场能发挥规模经济效应,飞机起降架次和客货吞吐量的大幅度增加,将使航空业务收入和非航空性收入随之增加,单位运营成本降低。

②缺点

a.对乘客而言,中枢辐射航线网络使旅客要经受更长的旅行时间,以及中转带来的种种不便。

b.对航空公司而言,中枢辐射式航线结构对航空公司的运营管理水平提出了更高的要求,航班时刻的安排、运力的调配和人力的安排都变得更加复杂,使运营管理成本有所增加。

c.对机场而言,客货流量的高峰时段极易造成枢纽机场和航路上的拥塞,增加枢纽机场运营压力。同时由于航班编排紧凑,当一个航班遇到突发事件导致航班不正常时,会对其他航班造成严重影响。

二、影响航空运输布局的因素

航空运输布局是指机场、航线和运力在一定地域空间上的分布和组合。影响航空运输布局的因素有很多,主要是地理位置、自然条件、经济条件、社会因素、技术条件这几大因素。在建设新机场、开辟新航线之前,需要对当地情况做深度调研,以免造成巨大的经济损失。

(一)地理位置

一个国家、一个地区或一个城市的航空运输发展水平与其所处的地理位置往往有一定的内在联系。地理位置包括经纬度位置、自然地理位置、政治地理位置、经济地理位置。地理位置在一定程度上影响航空运输的发展和布局。世界上许多城市,如新加坡、火奴鲁鲁、曼谷、卡拉奇、开罗、悉尼、温哥华、洛杉矶以及我国的上海、广州等都是凭借其有利的地理位置而发展成为重要的航空枢纽。

小链接

新加坡是东南亚的一个岛国,从自然地理位置看,它处在东南亚的马来半岛南端,在亚洲与大洋洲、太平洋与印度洋之间的"十字路口"上。从经济地理位置分析,它处于世界上海运繁忙的马六甲海峡的咽喉处,是东南亚最大的贸易中心和物流集散地。新加坡依仗其优越的地理位置,大力发展航空运输业,使这个仅有700多 km^2 的弹丸之地变成亚洲的空运大国。新加坡樟宜国际机场的客货运吞吐量一直稳居全球前列,机场服务也一直名列前茅。

洛杉矶,位于美国加利福尼亚州西南部,面朝太平洋,与旧金山力争跨太平洋市场。洛杉矶是美国第二大城市,仅次于纽约,是南加州文化、金融和商业中心的地位,拥有好莱坞、环球影城、迪士尼乐园等娱乐产业,依托其地理位置,洛杉矶机场客货吞吐量位居全世界前列。依据国际民航组织的计算,2019年洛杉矶国际机场带动美国经济增长约5781亿元人民币,直接带动当地就业约112万人。

(二)自然条件

自然条件是指影响人类活动的自然环境要素,包括地质地貌、水文气候、生物资源等,这些要素在一定程度上对航空运输产生影响。

1. 地面自然要素

地形地貌是修建机场和确定航路的重要条件。修建机场是一项大型的工程，必须考虑稳定的要求。工程地质条件，应选择在地质、地貌较稳定的地区，在容易发生地震、断裂、崩塌、滑坡、泥石流的地区，不宜修建机场。机场附近需要一定的净空地带，周围不应有高大突出的植被或其他障碍物，还要求四周地形起伏小，视野开阔，因此机场特别是大型机场总是建在平原、盆地或宽阔的谷底。机场选址也要尽量避开自然保护区、水源保护地、森林、湿地和草原等生态区域，避开国家规定的保护动物栖息地和珍稀鸟类的迁徙路线。

> **小链接**
>
> 1986年上海规划建设浦东机场，原是选址原川沙县合庆乡，后经技术论证，发现下面有两条地震断裂带，于是南移4.8km进入原南汇县祝桥乡、东海乡。后面为了尽可能减少动迁农民住宅，东移700m。东移后，由于避开了居民密集地带，减少动迁居民5000多户，也少征农田7488亩，为国家节约了可贵的耕地。
>
> 还有一个棘手的问题是，浦东机场选址区域东侧是长江南岸滩涂，是一片约有300m宽的潮间带，迁徙候鸟160种，还有许多国家保护的珍稀鸟类。这些鸟在澳大利亚越冬，到西伯利亚繁殖，它们停靠的主要驿站就是长江口，如果在长江口建设机场，相当于占用了鸟类的休息驿站，而且一旦飞机与飞鸟相撞，会造成极大的安全隐患。鸟类、河口、生态等多学科专家多次进行实地调查和科学论证，决定在机场选址外侧海滩上围海促淤，整治滩涂，围垫鱼塘，清除垃圾堆场，铲除芦苇草滩，使鸟类食源断绝，而另外在九段沙为鸟类重新打造一片让它们得以快乐安逸栖息的理想区域，从而实现了"驱鸟引鸟"的目的。经过三年的筑巢引凤，机场建设专家们在九段沙再造了一个候鸟乐园，使这里成为东亚—澳大利亚鸻鹬类迁徙的重要中途停歇地之一，浦东机场也终于通过了安全论证顺利动工。如今九段沙这片美丽的湿地，栖息了无数鸟类，成为国家级自然保护区。

2. 气象气候条件

天气条件在很大程度上决定飞机的安全与正点。天气现象虽千变万化，但有一定规律可循。各种危险天气的产生具有一定的地域性和季节性。例如，台风、热带风暴多产生于赤道地区以外的热带海域；在温带地区，雷暴总是在夏季和初秋频繁出现；在冷流经过的海岸、冰雪区的上空和在盆地、山谷则常常出现大雾天气。长期稳定的天气现象是造成某一气候区的重要因素。在不同的气候区，危险天气出现的概率不同。为此，航路应尽量避开危险天气的易发地区，选择最安全的飞行路线。

在机场，飞机起降主要受地面风速、风向、低空风切变、地面与空中能见度、降水等因素的制约。气候条件的差异往往决定上述因素的好坏。特别是盛行风向、风速对机场的选址及跑道的走向都有决定性影响。飞机起降的理想条件是逆风，这就使跑道的走向必须与当地的盛行风向一致。若当地的盛行风向为多个方向,为了避免侧风的威胁,应采用双向、三向或多向跑道。飞机正常情况下都是逆风起降。中国是世界上季风显著的国家之一,受季风影响,我国大部分地区冬季盛行偏北风,夏季盛行偏南风。所以,我国大部分机场的跑道都是南北向的。但在实际的建设中,各地的风向往往受当地山脉走向、地形起伏的影响而发生变化,而且机场占地又受到城市规划等多种因素的制约,实际的跑道走向就未必是南北向了。我国的大连周水子机场、张家界荷花机场等机场的跑道都是东西走向的。如果一个机场常年的风向不稳定,风向有多个方向,就要修建了不同方向的跑道以保证飞机安全起降。比如,美国芝加哥奥黑尔国际机场有8条物理跑道,达拉斯—沃思堡国际机场有7条物理跑道。随着技术的提升,现在的飞机抗侧风能力都大大提升,所以新建机场的跑道数比之前都有所下降。

总之,良好的自然环境为机场建设及航路设置提供必要的物质条件及适宜的活动空间,若忽视自然环境的影响,则会造成不必要的经济损失。因此,在新建机场、开辟航线时应充分考虑自然环境的影响和制约。

小链接

乘坐飞机时,我们会发现机场跑道的两端都是涂有数字的,这些数字就是跑道的编号。例如,北京首都机场的三条跑道编号为"18R/36L""18L/36R""01/19",上海浦东机场的四条跑道编号为"17R/35L""17L/35R""16R/34L""16L/34R"。

跑道编号主要是根据跑道的磁方位角来命名,磁方位角就是指从磁北方向,顺时针至跑道使用方向所成的夹角,把磁方位角除以10后,四舍五入取整的数字就是跑道的编号。如图2-10所示,左侧航向角为61°,取其1/10后再四舍五入,即为"06"(当得出的是一位数字6时,则在它前面加一个零,即为"06");右侧的航向角为241°,取其1/10后再四舍五入,即为"24"。如图2-9所示。如果机场有超过一条方向相同的跑道,它们便会在数字之后加以"L""C""R"来区别,分别代表左(Left)、中(Centre)和右(Right)。例如"15L""15C""15R"指三条互相平行,方位角均为150°的跑道。当"L、C、R"也不够用时,可将数字编号+1或者−1以区分,比如美国芝加哥奥黑尔国际机场有8条跑道,其中5条平行,于是它们的编号为27L/09R、27R/09L、28R/10L、28C/10C、28L/10R。

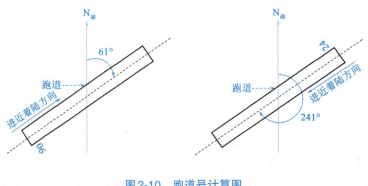

图2-10 跑道号计算图

(三)经济条件

经济条件是影响航空运输发展和布局的最重要的因素,它包括经济发展水平、经济开放程度、产业结构、相关行业。

1. 经济发展水平

经济发展水平决定了整个社会的经济结构和物质流通量,决定了社会的收入和消费水平,相应地也就决定了空运需求。各国和各地区的实证研究表明,经济增长,航空运输量也随之增长。经济发达国家或地区必定是空运需求旺盛、航空运输发达的国家和地区。从目前世界航空运输的生产布局来看,欧洲、北美、俄罗斯、日本等国家和地区的航空运输业要远远超过大多数发展中国家。我国长三角、珠三角等沿海经济发达地区,航空运输业也较为发达。国民经济的发展促进航空运输的发展,航空运输又反过来促进国民经济的发展,两者存在较大程度的相关关系。

2. 经济开放程度

国家或地区的经济开放程度对航空运输布局具有很大的影响。经济开放度高的国家或地区,其航空运输发展迅速,反之,经济封闭型国家或地区,其航空运输就较为落后。在全球经济一体化的今天,专业化分工日益精细,一件产品的生产,需要多个国家和地区跨国界的协作。专业化协作要求的是准时而精确的物流,航空运输正是能满足这种要求的物流方式。我国改革开放以来,对外经济联系不断加强,促进了航空运输业的迅速发展。尤其在经济开放度较高,对外贸易发达的东部沿海地区,航空运输业也更为发达。

3. 产业结构

产业结构从经济学上可以划分为第一、二、三产业。第一产业是广义农业;第二产业是建筑业、采矿业、加工制造业等;其他的为第三产业,包括金融业、房地产业、保险业、餐饮业、教育业等。一般来讲,经济越发达的国家和地区,第二产业和第三产业所占比例越高,其对航空运输需求越旺盛。以农业生产为主的国家和地区,其经济对外开放度低,经济发展水平不高,因而航空运输需求较少。在工业生产中,资金密集型的电子、电器、精密仪器等高新技术产业往往聚集在大型国际枢纽机场周围,依托便利的航空运输条件,形成"临空型"工业区。我国一直致力于产业结构的调整和升级,随着产业结构由低级向高级演进,航空运输需求必然越来越旺盛。

4. 相关行业

任何行业都不可能脱离其他行业而孤立存在,航空运输业也不例外。如旅游、对外贸易、劳务输入等行业,在影响航空运输布局的同时,也依赖于航空运输的发展,因此它们又被称为"航空密集型"行业。这些行业的发展状况对航空运输业的发展至关重要,同样,发达的航空运输服务也将吸引这些航空密集型行业在机场附近安家落户,在形成完整的产业供应链的同时,也繁荣了机场经济圈。

> **小 链 接**
>
> ### 菲律宾劳务输出至香港
>
> 20世纪70年代,随着中国香港经济起飞,当地妇女纷纷走出家庭就业,不少香港家庭开始雇用菲佣。至2001年高峰期时,香港菲佣多达15.5万人。到2010年3月31日,外佣数目增至273609人,其中49%来自印尼,48%来自菲律宾。
>
> 不只是香港人喜欢雇佣菲佣,对于菲佣来说,高月薪也使得香港成为她们海外就业的最佳选择。香港特区政府规定菲佣有最低工资标准,而且雇主包吃包住,每年还要支付她们返家的来回机票费用,这对于很多香港家庭来说负担不大。但对于一名菲佣来说,这样的收入足以养活故乡的5个亲人。
>
> 据统计,菲律宾目前有700多万人在世界各个国家从事家政工作,占全国人口的10%左右。这些人分布在全球140多个国家。每年寄往国内的外汇超过100亿美元,占菲律宾外汇总收入的24%。

(四)社会因素

社会因素对于航空运输布局的影响主要包含政治因素和人口因素。

1. 政治因素

政治因素对于国家和地区的经济发展和生产布局产生重要影响。航空运输是进行政治、外交活动的有力工具,如果两国(或地区)关系密切,政治、文化交流频繁,贸易发达,航空旅客运输需求将趋于繁荣,反之则航空旅客需求较小。

社会的政治形势和安定状况对航空运输业的发展也有非常大的影响。政治稳定、社会安定、经济发展,人民安居乐业,航空运输就能健康、迅速地发展;反之,空运市场就衰退乃至企业倒闭。

从国际上看,在20世纪70年代末美国政府实行的"放松管制"和"开放天空",对世界航空运输的发展产生了极为深刻的影响。海湾战争、伊拉克战争、"9·11"恐怖袭击事件、俄乌冲突、新冠疫情、巴以冲突等政治、军事、卫生的突发事件,给航空运输市场带来巨大打击。

2. 人口因素

人口既可以成为航空运输的对象,也可以作为航空运输所需的劳动力。作为运输对象的人口,其数量、密度、素质、收入、分布及迁移等都对航空运输布局产生重要影响。在一定的社会经济条件下,某地区人口总数越大,密度越高,收入越高,则航空运输需求越旺盛,反之则小。了解世界人口迁移的方向、规模及现状对分析国际航空客运的现状及其发展有重要意义。

作为航空运输所需劳动力的人口,其技术水平、文化素质更为重要。航空运输是技术密集型的行业,要求从业人员具有较高的文化素质和专业技术水平。在文化教育、科技水平较高的地区发展航空运输,其劳动力的质量较高,有利于航空运输的发展。而在文化教育、科技水平较落后的地区发展航空运输业,就可能受到其从业人员的素质影响。

(五)技术条件

自然、经济等因素往往对生产布局起一定的制约作用,使生产的分布适应自然环境和经济发展的需要。而科学技术的发展,经常主动地影响生产布局,重要的科技成果往往使生产布局突破某些自然和经济条件的制约,使生产布局发生变化。科学技术对航空运输有深刻的影响。自20世纪初航空运输问世而来,随着科学技术的发展,飞机的性能、地面设备及线路状况不断得到改善,促使航空运输的活动能力不断增强,活动范围不断扩大。

上述五大影响航空运输布局的因素不是孤立存在的,它们之间往往具有一定的内在联系。在确定航空运输布局时,要结合不同规划目标,综合分析各要素,从而制定出科学、客观的发展规划。

综合测评

一、选择题

1.北京大兴机场、上海浦东机场的飞行区等级为( )。
　A.4F　　　　　B.4E　　　　　C.4D　　　　　D.4C

2.重庆江北机场的飞行区等级是( )。
　A.4F　　　　　B.4E　　　　　C.4D　　　　　D.4C

3.航空运输布局的三大要素有( )。
　A.航线　　　B.航空公司　　　C.机场　　　D.航路

4.航空运输布局会受到哪些因素的影响( )。
　A.自然条件　　B.经济条件　　C.社会因素　　D.地理位置　　E.技术条件

二、填空题

请写出下列航空公司的两字代码。

航空公司名称	两字代码	航空公司名称	两字代码
四川航空		法国航空	
深圳航空		荷兰皇家航空	
天津航空		全日空航空	
春秋航空		长荣航空	
澳洲航空		国泰航空	

续上表

航空公司名称	两字代码	航空公司名称	两字代码
澳门航空		土耳其航空	
德国汉莎航空		卡塔尔航空	
英国航空		俄罗斯航空	
美国达美航空		大韩航空	
阿联酋航空		新加坡航空	
阿提哈德航空		泰国航空	

三、分析题

以北京大兴国际机场为例,分析其地理环境对航空运输发展的影响。

任务三

认识中国航空运输区划

- 一、中国航空区域划分
- 二、东北地区主要空港城市、机场
- 三、华北地区主要空港城市、机场
- 四、西北地区主要空港城市、机场
- 五、华东地区主要空港城市、机场
- 六、中南地区主要空港城市、机场
- 七、西南地区主要空港城市、机场
- 八、新疆地区主要空港城市、机场
- 九、港澳台地区主要空港城市、机场

◆ **知识目标**

熟悉中国航空区划；

熟悉七大区域的主要空港城市、机场；

熟悉港澳台地区的主要空港城市、机场。

▲ **能力目标**

能够熟练说出每个航空区划的范围；

能够熟练掌握每个区划主要城市、机场的三字代码。

◆ **素养目标**

通过领略祖国的大好河山和灿烂文化，了解和尊重不同民族的风俗习惯，增强祖国统一和民族团结意识。

任务导入	我国幅员辽阔，国内航空运输具有广阔的活动空间。为了因地制宜地安排运力、合理建设机场、协调国内及国际航空的发展，以获得最佳的经济和社会效益，有必要对全国航空运输区域进行划分。你知道我国航空区域是如何划分的吗？每个区域包含多少个省、自治区和直辖市？			
任务实施	分成学习小组，每个小组准备至少一份纸质中国地图，在地图上准确指出华北、东北、西北、中南、西南、西北、华东地区管理局管辖范围，并能说出该区域的主要城市和机场及其三字代码。			
任务评价	完成准确性(70%)	小组合作(10%)	语言表达能力(10%)	完成态度(10%)
自评(20%)				
互评(30%)				
教评(50%)				
综合得分				

知 识 讲 解

一、中国航空区域划分

中国地大物博，陆地面积约960万 km²，东部和南部大陆海岸线1.8万多公里，海域总面积约473万 km²。海域分布有大小岛屿7600多个，其中台湾岛最大，面积35798km²。中国同14个国家接壤，分别是：朝鲜、俄罗斯、蒙古国、哈萨克斯坦、吉尔吉斯斯坦、塔吉克斯坦、阿富汗、巴基斯坦、印度、尼泊尔、不丹、缅甸、老挝和越南。与8个国家海上相邻，从北到南依次为朝鲜、韩国、日本、越南、菲律宾、马来西亚、文莱和印度尼西亚。省级行政区划为23个省、5个自治区、4个直辖市、2个特别行政区。23个省分别为：河北、山西、辽宁、吉林、黑龙江、江苏、浙江、安徽、福建、江西、山东、河南、湖北、湖南、广东、海南、四川、贵州、云南、陕西、甘肃、青海、台湾。4个直辖市分别为：北京、天津、上海、重庆。2个特别行政区是香港和澳门。

为了因地制宜安排运力、合理建设机场、协调国内及国际航空的发展，以获得最佳的经济和社会效益，有必要对全国航空运输区域进行划分。目前我国航空区域共分为：华北地区、华东地区、中南地区、西北地区、西南地区、东北地区、新疆地区。其中华北地区民航区域编号为1,西北地区民航区域编号为2,中南地区民航区域编号为3,西南地区民航区域编号为4,华东地区民航区域编号为5,东北地区民航区域编号为6,新疆地区民航区域编号为9。对应七大地区管理局分别是：华北地区民航管理局、华东地区民航管理局、中南地区民航管理局、西北地区民航管理局、西南地区民航管理局、东北地区民航管理局、新疆地区民航管理局。

  华北地区管理局管辖：北京市、天津市、河北省、山西省、内蒙古自治区。
  东北地区管理局管辖：辽宁省、吉林省、黑龙江省。
  华东地区管理区管辖：上海市、江苏省、浙江省、山东省、安徽省、江西省、福建省。
  中南地区管理局管辖：广东省、广西壮族自治区、湖北省、湖南省、河南省、海南省。
  西北地区管理区管辖：陕西省、甘肃省、青海省、宁夏回族自治区。
  西南地区管理区管辖：重庆市、四川省、贵州省、云南省、西藏自治区。
  新疆地区管理区管辖：新疆维吾尔自治区。
  香港、澳门地区由特区政府管理当地的航空运输发展事宜。台湾地区由台湾当局管理当地的航空运输发展事宜。

> **小链接**
>
>   随着人民生活水平的提高,飞机出行已经变得非常普遍,航班号大家都不陌生,但很多人并不知道航班号的编排规律。我们国内航班的航班号由执行航班任务的航空公司两字代码和四个阿拉伯数字组成,其中第一位数字表示执行该航班任务的航空公司基地所在的民航区域编号,第二位数字表示航班目的地所在的民航区域编号,第三、四位数字表示班次,即该航班的具体编号,数字若为奇数,则表示该航班为去程航班,若为偶数,则为回程航班。比如MU5315是东方航空从上海飞往广州的航班号。CA1209是国航北京飞往西安的航班号。但是目前由于国内航空公司兼并和航班数量的大幅增长,航班号编排规律不再明显。

二、东北地区主要空港城市、机场

(一)区域概况

  东北地区包括黑龙江、辽宁和吉林三省。北、东两面与俄罗斯、朝鲜为邻。面积约80万km^2,人口约1.09亿人。
  东北地区有大量的工农业产品运往全国各地,也有一定的工农业制成品等物资运入区内,从而造成了巨大的货流。加上丰富的旅游资源以及与其他各地区的经济联系,形成了一定规模的客流,巨大的货流和客流对交通运输提出了较大的需求。这个地区形成以大连周水子国际机场、沈阳桃仙国际机场、哈尔滨太平国际机场及长春龙嘉国际机场为主要中心的航线网络。

(二)东北地区主要空港城市及其机场

1.哈尔滨

哈尔滨市,黑龙江省省会,地处松花江畔,是东北地区北部经济中心和水路交通枢纽。总面积53076km^2,截至2022年底,全市常住人口939.5万人。

哈尔滨是国家历史文化名城,素来有着"东方小巴黎""东方莫斯科"的美名,市内建筑中西合璧。哈尔滨于1998年被评选为首批中国优秀旅游城市,有圣索菲亚教堂、尼古拉教堂、俄罗斯木屋、哥特式楼宇、中央大街、哈尔滨极地馆、防洪纪念塔文庙、极乐寺、萧红故居、苏联红军烈士纪念碑等文物古迹和东北林园、亚布力滑雪旅游度假区、原始森林等500余处人文自然景观。

哈尔滨的飞机制造业在我国航空工业中占有重要地位,Y-12是哈尔滨飞机制造公司研制的轻型多用途飞机,性能良好,质量可靠,并打入国际市场,得到了用户及航空界的好评。

哈尔滨太平国际机场(IATA:HRB)地处东北亚中心位置,是中国东北地区乃至东北亚的重要空中交通枢纽。由哈尔滨太平国际机场可以到达北京、香港、台北、上海、深圳、广州、南京、天津、西安、沈阳、乌鲁木齐等国内主要城市,以及东京、大阪、首尔、哈巴罗夫斯克(伯力)、巴黎等国际城市。

2.长春

长春市,吉林省省会,国务院批复确定的中国东北地区的中心城市之一和重要的工业基地。总面积24592km^2,截至2022年底,常住人口908.7万人。长春市是中国汽车工业的摇篮,长春第一汽车制造厂(今中国第一汽车集团有限公司)制造出新中国第一辆汽车、第一辆轿车。

长春市是国家历史文化名城,具有众多历史古迹、工业遗产和文化遗存,是近代东北亚政治军事冲突完整历程的集中见证地。

长春龙嘉国际机场(IATA:CGQ)位于长春市九台区龙嘉街道,为民用4E级机场,于2005年8月27日正式通航,是中国东北地区四大国际机场之一、东北亚航空枢纽门户、东北亚区域重要的航空交通枢纽、中国主要建设的干线机场,总面积20.1万m^2,有2座航站楼,60个机位,1条3200m跑道以及1条1068.5m的第二平行滑行道和2条快速滑行道。2017年11月13日,龙嘉机场年旅客吞吐量首次突破1000万人次,正式跻身"千万机场俱乐部"。截至2021年,长春龙嘉国际机场共有37家航空公司累计运营航线150条,通航城市73个,初步形成了辐射国内、布局东北亚、连接东南亚主要国家和俄罗斯地区重点城市的空中交通网络。

3.沈阳

沈阳市,辽宁省省会,古称盛京、奉天,国务院批复确定的中国东北地区的中心城市、中国重要的工业基地和先进装备制造业基地。总面积12860km^2,截至2022年底,全市常住人口914.7万人。

沈阳是国家历史文化名城,清朝发祥地,素有"一朝发祥地,两代帝王都"之称。明天启五年(1625年),清太祖努尔哈赤迁都于此,皇太极建盛京城,并在此建立中国清朝,沈阳一跃成为清代两京之一的盛京皇城,开始成为东北中心城市。新中国成立后,沈阳成为中国重要的以装备制造业为主的重工业基地,被誉为"共和国装备部",有"共和国长子"和"东方鲁尔"的美誉。

沈阳有丰富的历史文化遗迹,沈阳故宫、清昭陵、张氏帅府、"九·一八"历史博物馆等。沈阳故宫是国家重点文物保护单位,是中国现存最完整的两座宫殿建筑群之一,始建于公元1625年,是清朝入关前清太祖努尔哈赤、清太宗皇太极建造的皇宫,清世祖福临在此即位称帝,现已辟为沈阳故宫博物院。

沈阳是东北航空管理局局方驻地,拥有东北地区最大的民用航空港——沈阳桃仙国际机场(IATA:SHE),桃仙机场是全国八大区域性枢纽机场之一,是东北地区规模最大的复合型门户枢纽航空港,距沈阳市中心20km。沈阳桃仙国际机场现为4E级国家一级干线机场,未来将扩建成为4F级民用机场。沈阳机场的航线网络覆盖国内各主要城市,通达亚、欧、美、澳四洲。2019年12月22日,机场年旅客吞吐量突破2000万人次,正式跨入国内大型繁忙级机场行列。2022年3月7日,由沈阳桃仙国际机场打造的"沈沪"(沈阳至上海)和"沈青"(沈阳至青岛)两条精品空中快线正式启动试运行。

> **小链接**
>
> **八大区域性枢纽机场**
>
> 除北京、上海、广州三大门户复合枢纽机场外,我国还确定了八大区域性枢纽机场:重庆江北国际机场、成都双流国际机场、武汉天河国际机场、郑州新郑国际机场、沈阳桃仙国际机场、西安咸阳国际机场、昆明长水国际机场、乌鲁木齐地窝堡国际机场这八个机场。后新增了长沙黄花国际机场和青岛胶东国际机场。根据2017年《推进京津冀民航协同发展实施意见》,改扩建天津滨海机场,增强区域枢纽作用,建设成中国国际航空物流中心,同时改扩建石家庄正定机场,增强对周边的集聚辐射能力,逐步培育成为区域航空枢纽。

4. 大连

大连市,别称滨城,位于辽东半岛南端,地处黄渤海之滨,背依中国东北腹地,与山东半岛隔海相望,是中国15个副省级城市之一,5个计划单列市之一,中国14个沿海开放城市之一。总面积12574km^2,截至2022年底,全市户籍人口608.7万人。

大连旧时街景保护较好,充满浪漫气息,因此被誉为"浪漫之都"。大连俄罗斯风情街是中国第一条具有俄罗斯19、20世纪建筑风格的街道,保留了38栋原远东白俄罗斯时的建筑,已有百年历史。

大连周水子国际机场(IATA:DLC),位于大连市甘井子区,为4E级机场,是国内主要干线机场和国际定期航班机场之一。2016年,大连周水子国际机场旅客吞吐量1525.82万人次,首次突破1500万人次。2023年7月19日,大连机场开通大连—羽田航线,这是现今东北地区唯一落地日本东京市内的航线,至此,大连机场成为东北首家与东京成田、羽田两个机场通航的机场。

东北地区主要机场及其三字代码,见表3-1。

东北地区主要机场及其三字代码　　　　　表3-1

机场名称	机场代码	归属省市	城市三字代码
哈尔滨太平国际机场	HRB	黑龙江省哈尔滨市	HRB
长春龙嘉国际机场	CGQ	吉林省长春市	CGQ
沈阳桃仙国际机场	SHE	辽宁省沈阳市	SHE
大连周水子国际机场	DLC	辽宁省大连市	DLC

三、华北地区主要空港城市、机场

(一)区域概况

华北区包括北京、天津两市,河北、山西两省以及内蒙古自治区。总面积约156万km²,总人口约2.82亿人。本区地理位置优越,是连接东北、西北、东南和中南的中央枢纽,在全国交通运输处于中枢地位。本区又是首都北京所在地,历史悠久,经济发达,是中国北方经济重心,是环渤海经济圈的主体部分。

(二)华北地区主要空港城市及其机场

1.北京

北京市,简称"京",古称燕京、北平,是中华人民共和国首都、直辖市、国家中心城市、超大城市,国务院批复确定的中国政治中心、文化中心、国际交往中心、科技创新中心,中国历史文化名城和古都之一。总面积16410.54km²,截至2022年底,全市常住人口2184.3万人。

北京拥有众多名胜古迹和人文景观,是全球拥有世界文化遗产最多的城市。北京在历史上曾为六朝都城,在2000多年里,建造了许多宏伟壮丽的宫廷建筑,使北京成为中国拥有帝王宫殿、园林、庙坛和陵墓数量最多、内容最丰富的城市。其中北京故宫原为明、清两代的皇宫,住过24个皇帝,建筑宏伟壮观,完美地体现了中国传统的古典风格和东方格调,是中国乃至全世界现存最大的宫殿,是中华民族宝贵的文化遗产。北京旅游资源丰富,对外开放的旅游景点达200多处,有世界上最大的皇宫故宫、祭天神庙天坛、皇家花园北海、皇家园林颐和园和圆明园,还有八达岭长城、慕田峪长城以及世界上最大的四合院恭王府等名胜古迹。

北京市共有两座大型机场,分别为北京首都国际机场和北京大兴国际机场。

北京首都国际机场(IATA:PEK)是全球规模最大的机场之一,是中国国际航空股份有限公司的主要运营中心,距北京市中心20km。截至2023年,北京首都国际机场拥有3座航站楼,分别为T1(已停用)、T2(中国国内及国际港澳台)、T3(中国国内及国际港澳台)共141万m²;

共有3条跑道,跑道长、宽分别为3800m、60m、3200m、50m、3800m、60m;停机位共314个;共开通国内外航线252条。

北京大兴国际机场(IATA:PKX)位于北京市大兴区和河北省廊坊市广阳区的交界处,2019年10月27日正式对外开放,实行外国人144h过境免签、24h过境免办边检手续政策。截至2021年2月,北京大兴国际机场航站楼面积为78万m^2;民航站坪设223个机位,其中76个近机位、147个远机位;有4条运行跑道,东一、北一和西一跑道宽60m,分别长3400m、3800m和3800m,西二跑道长3800m,宽45m,另有3800m长的第五跑道为军用跑道;可满足2025年旅客吞吐量7200万人次、货邮吞吐量200万t、飞机起降量62万架次的使用需求。

2. 天津

天津市,简称"津",别称津沽、津门,是中华人民共和国省级行政区、直辖市、国家中心城市、超大城市。截至2022年,天津市共辖16个区,总面积11966.45km^2,常住人口1363万人。

天津市是中国北方最大的港口城市、中蒙俄经济走廊主要节点、海上丝绸之路的战略支点、"一带一路"交汇点、亚欧大陆桥最近的东部起点。天津市是国家历史文化名城,自古因漕运而兴起,唐朝中叶以后成为南方粮、绸北运的水陆码头,金朝设"直沽寨",元朝设"海津镇",是军事重镇和漕粮转运中心。明永乐二年(1404年)正式筑城,是中国古代唯一有确切建城时间记录的城市。天津也是中国近代接受西方文化最早的城市之一,中西合璧、古今交融的城市文化成就了独具特色的历史风貌建筑,拥有国家级非物质文化遗产33个,完整保存着877座历史风貌建筑,被称为"万国建筑博览会"。

天津滨海国际机场(IATA:TSN)位于天津市东丽区,是国内干线机场、国际定期航班机场、国家一类航空口岸,是中国主要的航空货运中心之一。根据国家发展和改革委员会联合中国民用航空局关于印发《推进京津冀民航协同发展实施意见》的通知,天津机场定位为区域航空枢纽,将建成国际航空物流中心。机场基地航空公司有中国国际航空公司天津分公司、天津航空有限责任公司、奥凯航空有限公司、厦门航空有限公司、银河国际货运有限公司。

3. 呼和浩特

呼和浩特市,通称呼市,旧称归绥,蒙古语意为"青色的城"。呼和浩特是国务院批复确定的内蒙古自治区政治、经济和文化中心,中国北方沿边地区重要的中心城市。下辖4个市辖区、4个县和1个旗,总面积1.72万km^2。截至2022年,呼和浩特市常住人口355.11万人。

呼和浩特有着悠久的历史和光辉灿烂的文化,是华夏文明的发祥地之一,是胡服骑射的发祥地,是昭君出塞的目的地,是鲜卑拓跋的龙兴地,是旅蒙商家互市之地,是游牧文明和农耕文明交汇、碰撞、融合的前沿。呼和浩特市有"中国乳都"之称,拥有"伊利""蒙牛"两大国内知名乳业品牌,已形成呼市最具活力的乳业产业链条。

呼和浩特文化是一种典型的游牧文化与农耕文化的结合体,再加上现代文明的影响,文化历史遗迹无一不体现北方民族特有的朴实、豪放、大气的特征。呼和浩特市有为数众多的博物馆与文化史迹,是北上草原、西行大漠、南观黄河、东眺京津的重要旅游集散中心之一。有战国赵、秦汉、明朝的古长城;有北魏盛乐古城遗址;有见证胡汉和亲、被誉为民族团结象征金字塔的昭君博物院;有黄教寺庙大召;有清朝管辖漠南、漠北等地的将军衙署;有现存中国和世界唯一的蒙古文标注的天文石刻图的金刚座舍利宝塔；有辽代万部华严经塔(白塔)；有清康熙帝六女儿和硕恪靖公主府；有号称"召城瑰宝"的席力图召。市内还有哈达门高原牧场、神泉生态旅游风景区、"塞外西湖"哈素海。

呼和浩特白塔国际机场(IATA：HET)是内蒙古第一大航空枢纽，位于市区东南15km处，机场飞行区等级为4E级，航线基本覆盖全国各大省会城市及中小城市。2023年，呼和浩特白塔机场共完成旅客吞吐量1130.5万人次，全国排名第36位，保障运输起降10.4万架次，货邮吞吐量4.78万t。

4. 太原

太原市，古称晋阳，别称并州、龙城，山西省省会。截至2022年末，太原市常住人口为543.50万人。

太原是国家历史文化名城，是一座有两千多年建城历史的古都，"控带山河，踞天下之肩背"，"襟四塞之要冲，控五原之都邑"的历史古城。太原是中国优秀的旅游城市，国家历史文化名城。文物古迹有晋祠园林、建于明代的永祚寺、凌霄双塔、龙山石窟、蒙山大佛、祭孔文庙、晋阳古城遗址、晋商博物院(督军府旧址)以及中国十大石窟之一的天龙山石窟等名胜古迹。

太原武宿国际机场(IATA：TYN)为国内省会级干线机场，是山西省最大的国际航空口岸，飞行区等级指标4E级，可起降B747机型，同时满足F类A380备降需要。现有航站楼2座，跑道1条，机位43个，基地航空公司3家(东航山西分公司、山西航空有限责任公司、昆明航空有限公司)。太原机场已开通客运航线151条，通航城市83个，货运航线1条。

5. 石家庄

石家庄市，简称"石"，河北省省会，是国务院批复确定的中国京津冀地区重要的中心城市之一。全市总面积14530km²，截至2022年末，常住人口1122.35万人。

石家庄市地处河北省中南部，跨华北平原和太行山地两大地貌。市内的西柏坡是国家5A级景区，是解放战争时期中国革命的领导中心。

石家庄正定国际机场(IATA：SJW)为国家4E级主干线机场，是冀中南城市群的中心、首都经济圈的重要一环，是北京首都国际机场的主要分流、备降机场，是中联航河北分公司、春秋航空公司、河北航空公司和中国邮政航空公司运营基地。2021年3月1日，国际机场协会(ACI)公布2020年度全球ASQ机场服务质量奖项名单，石家庄机场获评500万~1500万量级"亚太区最佳机场"。2023年3月27日，石家庄正定国际机场开通石家庄至日本大阪国际货运航线，这是河北目前开通的首条至日本的国际货运航线。2023年8月11日，石家庄—张家口—秦皇岛航线正式开通，这是石家庄正定国际机场开通的首条省内"干线+支线+支线"航线。

华北地区主要机场及其三字代码，见表3-2。

华北地区主要机场及其三字代码　　　　　　　　　　表3-2

机场名称	机场代码	归属省市	城市三字代码
北京首都国际机场	PEK	北京市	PEK
北京大兴国际机场	PKX	北京市	PKX
天津滨海国际机场	TSN	天津市	TSN

续上表

机场名称	机场代码	归属省市	城市三字代码
呼和浩特白塔国际机场	HET	内蒙古自治区呼和浩特市	HET
太原武宿国际机场	TYN	山西省太原市	TYN
石家庄正定国际机场	SJW	河北省石家庄市	SJW

四、西北地区主要空港城市、机场

(一)区域概况

西北地区包括陕西省、青海省、甘肃省和宁夏回族自治区,四周分别与华北、中南、西南、新疆等区相邻,面积约145万 km²。西北地区地广人稀、地形复杂多变,地面交通困难较多,发展航空运输势在必行。

(二)西北地区主要空港城市及其机场

1.西安

西安市,古称长安,陕西省省会。截至2022年末,全市下辖11个区、2个县,总面积10108km²,常住人口为1299.59万人。

西安市地处中国西北地区、关中平原中部、北濒渭河、南依秦岭,自古有着"八水绕长安"之美誉。主体地貌为秦岭山地和渭河平原。西安是联合国教科文组织于1981年确定的"世界历史名城",是中华文明和中华民族重要发祥地之一,丝绸之路的起点,历史上先后有13个王朝在此建都。西安是闻名世界的历史名城,与世界著名的罗马、雅典、开罗等古城齐名,也是中国六大古都中建都历史最长的一个。西安市被认为是中国最佳旅游目的地、中国国际形象最佳城市之一,有两项六处遗产被列入《世界遗产名录》,分别是:秦始皇陵及兵马俑、大雁塔、小雁塔、唐长安城大明宫遗址、汉长安城未央宫遗址、兴教寺塔。另有西安城墙、钟鼓楼、华清池、终南山、大唐芙蓉园、陕西历史博物馆、碑林等景点。

西安咸阳国际机场(IATA:XIY)位于陕西省咸阳市渭城区底张街道(属西咸新区建设范围,由西安市代管),为4F级民用国际机场,是中国八大区域枢纽机场之一,国际定期航班机场、世界前百位主要机场。2014年6月成为西北第一个、中国第八个实行72h过境免签政策的航空口岸。2023年,西安咸阳国际机场年旅客吞吐量已突破4000万人次。

2.西宁

西宁市,古称青唐城、西平郡、鄯州、夏都,青海省省会。国务院批复确定的中国西北地区重要的中心城市。全市下辖5个区、2个县,总面积7660km²,截至2022年末,西宁市常住人口为248万人。

西宁市地处中国西北地区、青海省东部、湟水中游河谷盆地,是青藏高原的东方门户,古

"丝绸之路"南路和"唐蕃古道"的必经之地,自古就是西北交通要道和军事重地,是世界高海拔城市之一。

西宁曹家堡国际机场(IATA:XNN),位于中国青海省西宁市东南方向的海东市互助土族自治县,距西宁市中心28km,为4E级民用国际机场,是青藏高原重要交通枢纽和青海省主要对外口岸。2023年,西宁曹家堡国际机场旅客吞吐量702.23万人次,货邮吞吐量3.14万t,起降6.23万架次,分别位居中国第45位、第47位、第54位。

3. 兰州

兰州市,简称"兰""皋",古称金城,是甘肃省省会,西部地区重要的中心城市之一,丝绸之路经济带的重要节点城市。全市下辖5个区、3个县,总面积1.31万km^2。截至2022年末,兰州市常住人口441.53万人。

兰州市地处中国西北地区、中国大陆陆域版图的几何中心,地势西部和南部高,东北低,黄河自西南流向东北,峡谷与盆地相间。兰州自秦朝以来已有两千多年的建城史,自古就是"联络四域、襟带万里"的交通枢纽和军事要塞,以"金城汤池"之意命名金城,素有"黄河明珠"的美誉。兰州得益于丝绸之路,成为重要的交通要道、商埠重镇。

兰州中川国际机场(IATA:LHW)是中国西北地区的重要航空港,2020年,累计开通通航城市116座,执行客运航线216条(国际航线17条,地区航线1条);货运航线7条(国际航线4条),累计执飞航空公司39家(含4家货运航空公司);旅客吞吐量1112.7万人次,旅客吞吐量累计在全国机场中排名第26位。兰州中川国际机场三期扩建工程已于2020年9月9日开工建设,总投资343.7亿元,扩建后国际航线将达到300条,年旅客吞吐量将达到3800万人次。

4. 银川

银川市,简称"银",是宁夏回族自治区首府。截至2022年,全市下辖3个区、2个县,代管1个县级市,总面积9025.38km^2,常住人口为289.68万人。

银川市地处中国西北地区、宁夏平原中部,东踞鄂尔多斯西缘、西依贺兰山,黄河从市境穿过。银川是国家历史文化名城,历史悠久的塞上古城,早在3万年前就有人类在水洞沟遗址繁衍生息,史上西夏王朝的首都,是国家历史文化名城,民间传说中又称"凤凰城",古称"兴庆府""宁夏城",素有"塞上江南、鱼米之乡"的美誉,城西有著名的国家级风景名胜区西夏王陵。

银川河东国际机场(IATA:INC)位于银川市灵武市临河镇,距市区19km,为4E级民用国际机场,是区域枢纽机场、西北机场群成员。银川河东国际机场始建于1995年,1997年9月6日正式通航。银川河东机场的投入使用,结束了不能起降中大型飞机的历史,从根本上改善了宁夏回族自治区的航空运输条件。银川河东国际机场作为宁夏回族自治区向西开放的"桥头堡",将进一步推进自治区内陆开放型经济实验区和银川综合保税区建设。同时,按照自治区"向西开放"战略部署,主动拓展与阿拉伯国家合作的空间,加强对外合作,繁荣口岸贸易,为自治区经济社会的快速发展做出贡献。

西北地区主要机场及其三字代码,见表3-3。

任务三 认识中国航空运输区划

西北地区主要机场及其三字代码　　　　　表3-3

机场名称	机场代码	归属省市	城市三字代码
西安咸阳国际机场	XIY	陕西省西安市	SIA
西宁曹家堡国际机场	XNN	青海省西宁市	XNN
兰州中川国际机场	LHW	甘肃省兰州市	LHW
银川河东国际机场	INC	宁夏回族自治区银川市	INC

五、华东地区主要空港城市、机场

(一)区域概况

华东地区包括江苏、浙江、山东、安徽、江西、福建六省及上海市,华东地区人口密度大,城镇分布密集,是我国经济最发达的地区,特别是长江三角洲的沪宁杭地区是全国最重要的经济中心区之一。区内、区外的经济联系紧密,各类交通运输线路分布密集。上海是东部沿海最大的水、陆、空立体交通枢纽。

华东地区农业发达,是我国重要的稻米生产基地、水产品基地和棉花、油料等经济作物的产地。区内工业生产水平高,许多工业产品的产量居全国首位。此外,该区的航空工业发达,中国商用飞机有限责任公司于2008年落户上海,成功研发C919大型国产飞机。

(二)主要空港城市及其机场

1.上海

上海市,简称"沪",别称申,中华人民共和国直辖市、国家中心城市、中国历史文化名城,世界一线城市。上海市总面积6340.5km²,辖16个区。2022年,上海市常住人口为2475.89万人。

约6000年前,上海西部即已成陆。春秋战国时,上海是春申君的封邑,故别称申。晋朝时,因渔民创造捕鱼工具"扈",江流入海处称"渎",因此松江下游一带称为"扈渎",后又改"沪",故上海简称"沪"。元至元二十九年(1292年),把上海镇从华亭县划出,批准设立上海县,标志着上海市建城之始。上海历史代表文化有"吴越文化""江南文化""海派文化"等。

上海市拥有上海虹桥国际机场和上海浦东国际机场两座国际机场。上海空港是东方航空、中国国际货运航空、中国货运航空和中国最大的两家民营航空春秋航空和吉祥航空的主要基地。

上海虹桥国际机场(IATA:SHA),位于中国上海市长宁区和闵行区交界处,距市中心13km,为4E级民用国际机场,是中国三大门户复合枢纽之一、国际定期航班机场、对外开放的一类航空口岸和国际航班备降机场。2023年,上海虹桥国际机场旅客吞吐量4249.27万人次,货邮吞吐量36.32万t,起降架次26.68万架次,分别位居中国第7位、第10位、第11位。

上海浦东国际机场(IATA:PVG),位于中国上海市浦东新区,距上海市中心约30km,为

4F级民用机场,是中国三大门户复合枢纽之一、长三角地区国际航空货运枢纽群成员、华东机场群成员、华东区域第一大枢纽机场、门户机场。2023年,上海浦东国际机场旅客吞吐量5447.64万人次,货邮吞吐量344.01万t,起降架次43.39万架次,分别位居中国第2位、第1位、第2位。

2. 济南

济南市,别称泉城、齐州、泺邑,山东省省会。截至2022年,全市下辖10个区、2个县,总面积10244.45km²,常住人口941.5万人,城镇人口699.8万人。

济南市南依泰山,北跨黄河。因市内泉水众多,拥有"七十二名泉",素有"天下第一泉"和"四面荷花三面柳,一城山色半城湖"的美誉,济南八景闻名于世,是拥有"山、泉、湖、河、城"独特风貌的旅游城市,是国家历史文化名城、首批中国优秀旅游城市,史前文化——龙山文化的发祥地之一。

济南遥墙国际机场(IATA:TNA)位于济南市历城区临港街道,距市中心28km,距泰山100km,距曲阜170km。遥墙机场是4E机场,可以起降大型民航客货运班机,每天都有客货运航班飞往全国各地。遥墙国际机场也相继开通到首尔仁川、大阪关西、曼谷、中国香港、新加坡、莫斯科、平壤、巴黎、塞班、吉隆坡、巴厘岛、洛杉矶等地的定期通航。

3. 青岛

青岛市,山东省辖地级市,别称岛城、胶澳,副省级市、计划单列市。总面积11293km²,青岛市辖7个区、代管3个县级市。截至2022年末,青岛市常住人口1034.21万人。

青岛市是山东省经济中心、山东半岛蓝色经济区核心区龙头城市,国家重要的现代海洋产业发展先行区、东北亚国际航运枢纽、海上体育运动基地。"一带一路"新亚欧大陆桥经济走廊主要节点城市和海上合作战略支点。

青岛市是国家历史文化名城、中国道教发祥地。胶州湾自唐宋以来就成为北方重要港口,民国十九年(1930年)改称青岛市,因有海中小岛"小青岛"、古渔村"青岛村"而得名。青岛是中国帆船之都,世界啤酒之城。青岛有国家重点文物保护单位34处,国家级风景名胜区有崂山风景名胜区、青岛海滨风景区。

青岛胶东国际机场(IATA:TAO),于2014年获国务院、中央军委批复立项,2015年开工建设。2021年8月12日,陪伴了青岛人39年的青岛流亭机场关闭,山东省内首个4F机场青岛胶东国际机场通航投运。截至2022年末,青岛市拥有空中国内航线220条,国际航线22条。

4. 南京

南京市,简称"宁",古称金陵、建康,江苏省省会。截至2022年,全市下辖11个区,总面积6587.02km²,常住人口949.11万人。

南京是中国四大古都、首批国家历史文化名城,是中华文明的重要发祥地,曾长期是中国南方的政治、经济、文化中心。历史上南京曾多次遭受兵燹之灾,但亦屡屡从瓦砾荒烟中重整繁华。所以南京被视为汉族的复兴之地,在中国历史上具有特殊地位和价值。

南京禄口国际机场(IATA：NKG)是江苏省和南京市的门户机场,是国家主要干线机场、一类航空口岸,华东地区的主要货运机场,与上海虹桥机场、浦东机场互为备降机场,位列中国千万级大型机场行列,是国家大型枢纽机场、中国航空货物中心和快件集散中心,国家区域交通枢纽,已建成辐射亚洲、连接欧美、通达澳洲的航线网络。

此外,南京还有南京马鞍国际机场(军民合用)、土山机场(军用机场)以及若航南京老山机场(中国首家民营直升机场)。

5. 合肥

合肥市,简称"庐"或"合",古称庐州、庐阳、合淝,是安徽省辖地级市、省会。截至2022年,全市下辖4个区、4个县,代管1个县级市,总面积11445km²,常住人口为963.4万人。

合肥地域是中华文明的重要发祥地之一,因东淝河与南淝河均发源于此而得名。在3000余年的建城史中,有2100余年的县治、1400余年的府治历史,数为州郡治所。1945年9月,安徽省省会迁驻合肥。1949年2月,设立合肥市。1952年,安徽复省,合肥市成为新中国安徽省省会。合肥市是江淮地区重要的行政中心、商埠和军事重镇,素有"淮右襟喉、江南唇齿""江淮首郡、吴楚要冲""三国故地、包拯故里、淮军摇篮"之称。

合肥新桥国际机场(IATA：HFE)是中国4E级区域枢纽机场,位于合肥城区西北部高刘镇,距中心城区约31.8km。2018年11月26日,合肥新桥国际机场突破1000万客流量,跻身"千万级机场俱乐部"。这是继2017年跨过800万、900万之后又一次历史性突破。2022年5月,合肥新桥国际机场T2航站楼第1000根工程桩基浇筑完成,标志着合肥新桥国际机场航站区扩建工程项目迈上一个新台阶。T2航站楼建成后可满足2030年旅客吞吐量4000万人次、货邮吞吐量35万t、飞机起降30.5万架次的发展需求。

6. 杭州

杭州市,简称"杭",古称临安、钱塘,浙江省省会。杭州市下辖10个市辖区、2个县,代管1个县级市,总面积16850km²,截至2022年末,杭州市常住人口1237.6万人。

杭州市是首批国家历史文化名城,距今5000多年前的良渚文化被称为"中华文明的曙光"。杭州自秦朝设县治以来,已有2200多年历史,五代吴越国和南宋王朝两代建都杭州。杭州人文古迹众多,西湖及其周边有大量的自然及人文景观遗迹,其代表性的有西湖文化、良渚文化、丝绸文化、茶文化,因风景秀丽,素有"人间天堂"的美誉。

杭州萧山国际机场(IATA：HGH),位于中国浙江省杭州市萧山区,距市中心27km,为4F级民用运输机场,是中国十二大干线机场之一、国际定期航班机场、对外开放的一类航空口岸和国际航班备降机场。2019年10月,成为实行144h过境免签政策的航空口岸。萧山国际机场共有两条跑道,长度分别为3600m和3400m,可满足A380及以下机型备降要求。2023年,该机场旅客吞吐量4117.05万,全国排名第10。

7. 南昌

南昌市,简称"洪"或"昌",古称豫章、洪都,江西省省会。截至2022年,全市下辖6个区、3个县,总面积7195km²,常住人口为653.81万人。

南昌市是国家历史文化名城,因"昌大南疆、南方昌盛"而得名,"初唐四杰"王勃在《滕王阁序》中称其为"物华天宝、人杰地灵"之地;南唐时期南昌府称为"南都";民国十六年(1927年)八一南昌起义,在此诞生了中国共产党第一支独立领导的人民军队,是著名的革命英雄城市,被誉为军旗升起的地方;新中国成立后,南昌制造了新中国第一架飞机、第一批海防导弹、第一辆摩托车、拖拉机,是中国重要的制造中心、新中国航空工业的发源地。

南昌昌北国际机场(IATA:KHN)是中国重要的枢纽干线机场、国际客货运枢纽,距南昌市区约28km,为4E级民用运输机场。南昌昌北国际机场是中国东方航空公司、厦门航空公司和江西航空的基地机场。2023年4月,中国民用航空局向南昌昌北国际机场颁发新的机场使用许可证,同意南昌机场可使用最大机型由"B747-400及同类"升级为"B747-8及同类",标志着南昌机场成为可运行F类飞机的4E级机场,载客和载货能力都将得到大大提升,进一步提升机场整体运行保障能力。

8. 福州

福州市,简称"榕",别称榕城,福建省省会。截至2022年底,全市下辖6个市辖区、6个县,代管1个县级市,总面积11968.53km²,常住人口844.8万人。

唐开元十三年(725年),升福州为都督府,府治设在州城内(今鼓屏路),福州之名始用至今,因为市内一座福山而得名,建城于汉高帝五年(前202年)。宋代是福州历史上的黄金时代;从明代起,福州一直是福建的省会;民国三十五年(1946年),福州设市。福州市是国家历史文化名城,马尾区是中国近代海军的摇篮、中国船政文化的发祥地,是近代中国最早开放的五个通商口岸之一。

福州长乐国际机场(IATA:FOC)位于福州市长乐区滨海,为福建省主要的国际机场,是中国航空国际口岸之一,于1997年6月23日投入使用,为国内首座完全由地方政府自筹资金兴建的大型现代化航空机场。飞行区等级为4E级,停机坪面积30多万m²。国际港澳台航线包括吴哥、新加坡、吉隆坡、东京、大阪市、曼谷、雅加达、中国香港、中国澳门等,每天进、出港航班总数200个左右,基本形成由福州向全国辐射、向东亚及东南亚延伸的空中交通网络。

9. 厦门

厦门市,简称"厦"或"鹭",别称鹭岛,福建省辖地级市、副省级市、计划单列市。截至2022年,厦门市下辖6个区,总面积1700.61km²,常住人口530.80万人。

远古时期,厦门岛为白鹭栖息之地,故又称"鹭岛"。西晋年间,置同安县,明洪武二十七年(1394年),筑厦门城。1935年,设立厦门市,1980年,经国务院批准设立厦门经济特区,1988年,经国务院批准厦门市为计划单列市,1994年,厦门市升为副省级市。厦门市是国务院批复确定的中国经济特区和东南沿海重要的中心城市、港口及风景旅游城市。

厦门高崎国际机场(IATA:XMN),位于中国福建省厦门市湖里区,为4E级民用国际机场,是中国东南沿海重要的区域性航空枢纽,为中国十二大干线机场之一。厦门高崎国际机场历经三次改扩建,2014年高峰航班起落架次达到极限的32架次/h,已处于严重饱和状态。受地形限制,厦门高崎机场已没有空间建设第二条跑道,其容量无法满足需求。

厦门翔安国际机场,位于中国福建省厦门市翔安区,为4F级海峡西岸区域国际枢纽机场、海丝门户枢纽机场。2007年7月,厦门翔安国际机场开始选址工作;2014年11月,厦门翔安国际机场大嶝岛场址获批。2022年1月4日,厦门翔安国际机场全面开工建设。预计于2026年通航。厦门翔安国际机场航站楼面积为55万km²,民航站坪设196个机位;2条远距平行跑道分别长3600m和3800m;可满足年旅客吞吐量4500万人次、货邮吞吐量75万t、飞机起降38万架次的使用需求。

华东地区主要机场及其三字代码,见表3-4。

华东地区主要机场及其三字代码　　　　表3-4

机场名称	机场代码	归属省市	城市三字代码
上海虹桥国际机场	SHA	上海市	SHA
上海浦东国际机场	PVG	上海市	PVG
济南遥墙国际机场	TNA	山东省济南市	TNA
青岛胶东国际机场	TAO	山东省青岛市	TAO
南京禄口国际机场	NKG	江苏省南京市	NKG
合肥新桥国际机场	HFE	安徽省合肥市	HFE
杭州萧山国际机场	HGH	浙江省杭州市	HGH
南昌昌北国际机场	KHN	江西省南昌市	KHN
福州长乐国际机场	FOC	福建省福州市	FOC
厦门高崎国际机场	XMN	福建省厦门市	XMN

六、中南地区主要空港城市、机场

(一)区域概况

中南地区位于我国中部和南部,包括河南、湖北、湖南、广东、海南五省及广西壮族自治区,面积100多万km²。

中南地区南北较长,地形复杂,平原、盆地、丘陵、山地相间分布,海岸绵长,海湾众多,岛屿星罗。中南地区经济发展历史悠久,南部沿海一带经济发达。中南地区也是我国机场数量较多、空运业务量较大的地区,特别是珠三角一带,五大机场云集,空运十分发达。

(二)主要空港城市及其机场

1. 郑州

郑州市,简称"郑",史谓"天地之中",古称商都,今谓绿城,河南省省会。截至2022年12月,市辖6个区、5个县级市、1个县,全市总面积7567km²,常住人口1282.8万人。

郑州地处河南省中北部,黄河中、下游分界处,地跨黄河、淮河两大流域。郑州是华夏文明的重要发祥地、国家历史文化名城,是国家重点支持的六大遗址片区之一、世界历史都市联盟会员。

郑州新郑国际机场(IATA:CGO)简称"新郑机场",位于中国河南省郑州市新郑市和中牟县交界处,为4F级国际民用机场,是中国首个国家级航空港郑州航空港经济综合实验区核心组成部分、国际航空货运枢纽机场、中国八大区域性枢纽机场之一、"7×24h""全时段"通关国际机场、国内大型航空枢纽机场、国际定期航班机场、对外开放的国家一类航空口岸。新郑机场拥有跑道两条,分别为3400m及3600m。截至2023年10月28日,郑州新郑国际机场共有34家客运航空公司,开通182条客运航线,通航点116个。

2. 武汉

武汉市,简称"汉",别称江城,湖北省辖地级市、省会,全市下辖13个区,总面积8569.15km^2。截至2022年末,常住人口1373.90万人。

武汉市地处江汉平原东部、长江中游,长江及其最大支流汉水在此交汇,形成武汉三镇(武昌、汉口、汉阳)隔江鼎立的格局,市内江河纵横、湖港交织,水域面积占全市总面积四分之一,被评为国际湿地城市。作为中国经济地理中心,武汉素有"九省通衢"之称,是中国内陆最大的水陆空交通枢纽、长江中游航运中心,其高铁网辐射大半个中国,是华中地区唯一可直航全球五大洲的城市。

武汉市是国家历史文化名城、楚文化的重要发祥地。春秋战国以来,武汉一直是中国南方的军事和商业重镇,元代成为湖广行省省治,明清时期被誉为"楚中第一繁盛处"和"天下四聚"之一。清末汉口开埠和洋务运动开启武汉现代化进程,使其成为近代中国重要的经济中心。武汉是辛亥革命首义之地,近代史上数度成为全国政治、军事、文化中心。

武汉天河国际机场(IATA:WUH)位于武汉市黄陂区,1995年4月15日启用,是中国中部地区第一门户机场、首个4F级机场,也是国家公共航空运输体系确定的中国八大区域性枢纽机场之一,距市中心(武汉长江大桥)26km。2023年,武汉天河国际机场旅客吞吐量2583.7万人次。

3. 长沙

长沙市,别称星城,湖南省省会。长沙辖6个市辖区、1个县,代管2个县级市,总面积11819km^2。截至2022年末,长沙市常住总人口为1042.06万人。

长沙市是首批国家历史文化名城,历经3000年城名、城址不变,有屈贾之乡、楚汉名城、潇湘洙泗之称。战国时是楚国在南方的战略要地,曾为汉长沙国国都和南楚国都,历代均为湖南及周边的政治、经济、文化、交通中心。世界考古奇迹马王堆汉墓、四羊方尊、世界上最多的简牍均在长沙,岳麓书院是湖湘大地文化教育的象征,凝练出"经世致用、兼收并蓄"的湖湘文化。长沙既是清末维新运动和旧民主主义革命策源地之一,又是新民主主义的发祥地之一,走出了黄兴、蔡锷、刘少奇等名人。

长沙黄花国际机场(IATA:CSX),位于中国湖南省长沙市长沙县黄花镇空港城一号路,西距长沙市中心23.5km,为4E级国际机场、中国十二大干线机场之一、国际定期航班机场、对外开放的一类航空口岸、中国十大区域性国际航空枢纽之一。2023年,长沙黄花国际机场旅客吞吐量2724.83万人,全国排名第14位;货邮吞吐量17.68万t,全国排名第21位;飞机起降20.19万架次,全国排名第16位。

4. 南宁

南宁市,简称"邕",古称邕州,别称绿城。广西壮族自治区辖地级市、首府。截至2022

年,全市下辖7个区、4个县、代管1个县级市,总面积2.21万km²,常住人口889.17万人。

南宁市是一个以壮族为主体、多民族聚居的首府城市。居住着壮、汉、瑶、苗、仫佬、侗、回、满等51个民族。壮族是世代居住在本地的民族,汉族为秦汉以后陆续迁入,回族为元朝以后迁入,瑶族和苗族大多为清代以后迁入,其余民族多于改革开放以后陆续从全国各地迁入。2020年,南宁市少数民族人口457.57万人,占总人口57.76%;壮族人口437.72万人,占55.25%;瑶族人口14.05万人,占1.77%。少数民族人口总数居全国5个少数民族自治区首府城市之首。

南宁吴圩国际机场(IATA:NNG),于1962年11月正式建成通航,位于中国广西壮族自治区南宁市江南区吴圩镇,距离市中心31km,为4E级军民合用国际机场,是广西壮族自治区第一大航空枢纽、面向东盟的门户枢纽机场。南宁机场航线覆盖曼谷、吉隆坡、新加坡、胡志明等25个东盟国家城市,实现东盟10国首都城市全通航,东盟国家通航城市数量与上海浦东机场持平。

5. 桂林

桂林市,简称"桂",古称桂州、静江、始安,广西壮族自治区辖地级市,省域副中心城市。截至2022年,全市辖6个市辖区、8个县、2个自治县,代管1个县级市,总面积2.78万km²,常住人口为495.63万人。

"桂林"之名,始于秦代,秦始皇置桂林、象、南海三郡,桂林郡因当地盛产玉桂而成名,这是"桂林"名称的最早起源。桂林是个多民族聚居的城市,居住着壮、回、苗、瑶、侗等28个少数民族,多民族融合的地域民族文化构成了桂林城市文化一个重要特征。桂林市聚居的壮、苗、瑶、侗等少数民族,保持着古朴、奇特、多彩的民俗风情,如壮族的三月三歌节,瑶族盘王节、达努节,苗族芦笙节、拉鼓节,侗族花炮节、冬节对中外旅游者具有极大吸引力。

桂林两江国际机场(IATA:KWL),位于中国广西壮族自治区桂林市临桂区两江镇,距桂林市中心28km,为4E级民用国际干线机场,是国际旅游航空枢纽,是衔接"一带一路"南北陆路新通道和面向东盟国家的重要国际性机场,也是广西唯一实行72h过境免签政策的口岸。

6. 广州

广州市,简称"穗",别称羊城、花城、五羊城,是广东省省会。截至2022年,全市下辖11个区,总面积为7434.40km²,常住人口为1873.41万人。

广州由秦汉起至明清2000多年间,一直是中国对外贸易的重要港口城市。是中国海上丝绸之路的起点。据《新唐书·地理志》记载,到唐朝时,这条海上"丝绸之路"航程从广州起,经南海、印度洋,直驶巴士拉港,到达东非赤道以南海岸,这是16世纪以前世界上最长的远洋航线。到唐宋时期,广州已发展成为世界著名的东方大港,并首设全国第一个管理外贸事务的机构——市舶司;明清时期,广州更是特殊开放的口岸,在一段较长的时间内,曾是全国唯一的对外贸易港口城市。

广州白云国际机场(IATA:CAN),位于中国广东省广州市白云区人和镇和花都区新华街道、花东镇交界处,距广州市中心约28km,为4F级民用国际机场,是中国三大门户复合枢纽机场之一,世界前五十位主要机场。共有三条跑道,跑道长度分别为3800m、3800m、

3600m。2022年,广州白云国际机场旅客吞吐量2610.50万人次,货邮吞吐量178.41万吨,起降架次26.66万架次,分别位居中国第1位、第2位、第1位。2023年,广州白云国际机场的旅客吞吐量突破6300万人次,居全国第一。

7. 深圳

深圳市,简称"深",别称鹏城,广东省辖地级市、副省级市、国家计划单列市,超大城市,国务院批复确定的经济特区、全国性经济中心城市和国家创新型城市,粤港澳大湾区核心引擎城市之一。截至2022年末,全市下辖9个区,总面积1997.47km², 常住人口1766.18万人。

深圳市的前身是宝安县,明清时期主体部分属广州府新安县,建市之前属惠阳地区。深圳之名始见史籍于明朝永乐八年(1410年),1979年,成立深圳市,1980年,成为中国设立的第一个经济特区。深圳市是中国改革开放的窗口和新兴移民城市,创造了举世瞩目的"深圳速度",被誉为"中国硅谷"。

深圳宝安国际机场(IATA:SZX),位于中国广东省深圳市宝安区、珠江口东岸,距离深圳市区32km,为4F级民用运输机场,是世界百强机场之一、国际枢纽机场、中国十二大干线机场之一、中国四大航空货运中心及快件集散中心之一。2023年,深圳宝安国际机场旅客吞吐量5273.49万人次,货邮吞吐量160.03万t,起降架次39.31万架次,分别位居全国第4位、第3位、第3位。

8. 海口

海口市,别称"椰城",海南省辖地级市、省会。截至2022年10月,海口市辖秀英区、龙华区、琼山区、美兰区4个区,下设21个街道、22个镇、211个社区、248个行政村,陆地面积2296.82km², 海域面积830km², 常住人口293.97万人。

"海口"一名最早出现于宋代,已有上千年的历史,意为南渡江入海口处的一块浦滩之地。海口历史上隶属琼山县(现为琼山区),名称沿革有宋代的海口浦、元代的海口港、明代的海口都、海口所、海口所城、清代的琼州口等。

海口美兰国际机场(IATA:HAK),位于中国海南省海口市东南方向18km处,为国际机场、区域航空枢纽,许可证载明飞行区指标为4E,机场设计飞行区指标为4F。2011年12月21日,海口美兰国际机场成为中国国内首家拥有离岛免税店的机场。2011年12月26日,海口美兰国际机场旅客吞吐量突破1000万人次,跻身国内大型客运机场行列。

9. 三亚

三亚市,简称崖,别称鹿城,古称崖州、崖县,是海南省辖地级市,地处海南岛的最南端,东邻陵水黎族自治县,西接乐东黎族自治县,北毗保亭黎族苗族自治县,南临南海,陆地总面积1921km²。截至2022年,全市共辖4个市辖区,全市户籍人口73.1万人。

三亚历史悠久,源远流长。在西汉元封元年(前110年),就序列于中国版图。1987年9月26日,升格为地级市。因其远离帝京、孤悬海外,自古以来三亚又被称为"天涯海角"。曾是隋朝谯国冼太夫人的"汤沐邑";唐朝大和尚鉴真漂流登岸和传道讲经之地;唐、宋两代曾有7位名相、名臣被贬到三亚。延及宋、元、明朝时期,三亚的经济得到初步发展,棉纺业在全国居于领先地位。三亚市是具有热带海滨风景特色的国际旅游城市,又被称为"东方夏威夷",有独特的海滨风光。

三亚凤凰国际机场(IATA:SYX)位于中国海南省三亚市天涯区凤凰村,东距三亚市中心约11km,为4E级民用运输国际机场。2007年,三亚机场旅客吞吐量突破500万人次,跨入大中型机场行列;2011年旅客吞吐量首次突破千万人次,进入千万级机场行列;2018年旅客吞吐量突破2000万人次,成为国内首家跻身"两千万俱乐部"的非省会地级市机场。2023年12月9日,三亚凤凰机场的当年旅客吞吐量累计已达2037万余人次,创下历史新高,累计保障运输航班起降12.8万余架次,标志着三亚机场再次迈入"两千万级空港"行列。凤凰机场充分利用海南自贸港发展各项政策,通过第五航权、第七航权等,全面打造国际区域性枢纽机场,面向太平洋、印度洋的国际区域航空门户枢纽,"一带一路"航空物流支点机场。

中南地区主要机场及其三字代码,见表3-5。

中南地区主要机场及其三字代码　　　　表3-5

机场名称	机场代码	归属省市	城市三字代码
郑州新郑国际机场	CGO	河南省郑州市	CGO
武汉天河国际机场	WUH	湖北省武汉市	WUH
长沙黄花国际机场	CSX	湖南省长沙市	CSX
南宁吴圩国际机场	NNG	广西壮族自治区南宁市	NNG
桂林两江国际机场	KWL	广西壮族自治区桂林市	KWL
广州白云国际机场	CAN	广东省广州市	CAN
深圳宝安国际机场	SZX	广东省深圳市	SZX
海口美兰国际机场	HAK	海南省海口市	HAK
三亚凤凰国际机场	SYX	海南省三亚市	SYX

七、西南地区主要空港城市、机场

(一)区域概况

西南区包括四川省、云南省、贵州省、重庆市和西藏自治区,地处我国西南边陲。它北临西北地区,东与中南地区相接,南与越南、老挝、缅甸、尼泊尔、不丹、印度接壤,面积约230万 km^2。

西南地区地形结构复杂,主要以高原、山地为主,地势起伏不平,使得陆路交通极为不便,公路、铁路造价高,建设周期长。本区河流虽多,但山高谷深,滩多水急,难以发展水运。这样的地形条件使其对航空运输有较大的需求,同时也对机场建设、航路设置、飞行安全产生了制约,特别对高原飞行提出了更为严苛的技术要求。

(二)主要空港城市及其机场

1. 成都

成都市,简称"蓉",别称蓉城、锦城,四川省省会。截至2021年底,全市下辖12个市辖区、3个县、代管5个县级市,总面积14335 km^2。截至2022年末,成都市常住人口2126.8万人。

成都自古有"天府之国"的美誉,是首批国家历史文化名城,古蜀文明发祥地。市内金沙遗址有3000年历史,周太王以"一年成聚,二年成邑,三年成都",故名成都,蜀汉、成汉、前蜀、后蜀等政权先后在此建都,又一直是各朝代的州、郡、县治所。汉朝时为全国五大都会之一,唐朝时为中国最发达工商业城市之一,史称"扬一益二",北宋时成都诞生了世界上第一种纸币交子。

成都双流国际机场(IATA:CTU),位于中国四川省成都市双流区与武侯区交界处,东北距成都市中心约16km,为4F级国际航空枢纽,是中国八大区域性枢纽机场之一,中国内陆地区的航空枢纽和客货集散地。2023年,成都双流国际机场共完成旅客吞吐量3013.8万人次,全国排名第12位;货邮吞吐量52.65万t,全国排名第7位;飞机起降20.87万架次,全国排名第13位。成都双流国际机场是中国国际航空、四川航空、成都航空、中国东方航空、西藏航空、祥鹏航空的基地机场。

成都天府国际机场(IATA:TFU),位于中国四川省成都市简阳市芦葭镇空港大道(属成都东部新区建设范围),北距成都市中心50km、西北距成都双流国际机场50km、东北距简阳市中心约14.5km,为4F级国际机场、国际航空枢纽、成都国际航空枢纽的主枢纽。2023年,成都天府国际机场共完成旅客吞吐量4478.6万人次,全国排名第5位;货邮吞吐量24.6万t;飞机起降32.96万架次。

经国务院批准,自2019年1月1日起,成都市开始实施外国人144h过境免签政策,来自53个国家的人员,持有效国际旅行证件和144h内确定日期、座位前往第三国(地区)联程客票,可以从有关口岸免签入境,分别在成都市免签停留144h。

2. 重庆

重庆市,简称"渝",别称山城、江城,是中华人民共和国直辖市。全市下辖38个区县,总面积8.24万 km^2,截至2022年末,常住人口3213.34万人。

重庆市是国家历史文化名城、巴渝文化发祥地,有3000余年建城史。夏商巴国在此建都,元末大夏在此建立。清末重庆开埠及国民政府迁都重庆,使重庆成为近代中国大后方政治、军事、经济、文化中心,红岩精神起源地。新中国成立初期为西南大区驻地及中央直辖市,后又为四川省直辖市,1997年又恢复为中央直辖市。

重庆江北国际机场(IATA:CKG),位于中国重庆市渝北区两路街道,距离市中心19km,为4F级民用国际机场,是中国八大区域枢纽机场之一,是实行144h过境免签政策的航空口岸。2023年,重庆江北国际机场完成旅客吞吐量4465.7万人次,位居全国第6位。

3. 贵阳

贵阳市,简称"筑",别称林城、筑城,贵州省省会。截至2022年4月,贵阳市下辖6个区、

3个县,代管1个县级市。截至2022年末,贵阳市常住人口622.04万人。

贵阳原为边疆民族地区,春秋战国至汉初,贵阳地区属古夜郎。汉代设牂牁郡,贵阳为牂牁郡治所,明代设贵阳府。民国三年(1914年),改设贵阳县,民国三十年(1941年)撤销贵阳县,以贵阳城区及近郊设立贵阳市。市内有山地、河流、峡谷、湖泊、岩溶、洞穴、瀑布、原始森林、人文、古城楼阁等32种旅游景点。

贵阳龙洞堡国际机场(IATA:KWE),简称"贵阳机场",位于贵州省贵阳市东郊,海拔高度为1139m,距市中心11km,为4E级民用国际机场,是中国西部地区重要航空枢纽、区域枢纽机场、西南机场群成员。2018年12月29日,贵阳龙洞堡国际机场年旅客吞吐量首次突破2000万人次,成为中国内地第21个年旅客吞吐量突破2000万人次的机场。

4. 昆明

昆明市,别称春城,云南省省会。截至2022年末,全市下辖7个区、3个县,代管1个县级市和3个自治县,总面积21012.54km²,常住人口860万人。

昆明市是国家历史文化名城,早在三万年前就有人类在滇池周围生息繁衍;楚顷襄王十九年(公元前280年)滇国建立,定都于此;唐永泰元年(765年)南诏国筑拓东城,为昆明建城之始;明末时期,南明永历政权在昆明建都。昆明属北亚热带低纬高原山地季风气候,为山原地貌,由于地处低纬高原而形成"四季如春"的气候,享有"春城"的美誉。

昆明长水国际机场(IATA:KMG)位于中国云南省昆明市官渡区长水街道,在昆明市东北24.5km处,为4F级国际机场,是中国八大区域枢纽机场之一。2023年,昆明长水国际机场完成航班起降31.86万架次,完成旅客吞吐量4203.35人次,排名全国第8,完成货邮吞吐量35.05万t,排名全国第11。

5. 拉萨

拉萨市,别称逻些、日光城,是西藏自治区首府,是国务院批复确定的中国具有雪域高原和民族特色的国际旅游城市。全市下辖3个区、5个县,面积2.964万km²,截至2022年末,拉萨市户籍人口58.12万人。

拉萨市是首批国家历史文化名城,以风光秀丽、历史悠久、风俗民情独特、宗教色彩浓厚而闻名于世。公元7世纪,松赞干布统一全藏,将地区政治中心从山南迁到拉萨。1951年5月23日,西藏和平解放,拉萨成为自治区首府。

拉萨贡嘎机场(IATA:LXA),位于西藏自治区山南市贡嘎县甲竹林镇,坐落在壮丽的雅鲁藏布江南岸,海拔3600m,跑道长4000m,宽45m,机场等级4E,可供波音747、空中客车等大型飞机起降,是世界上海拔最高的民用机场之一。2023年11月23日,拉萨贡嘎国际机场年旅客吞吐量首次突破500万人次。

西南地区主要机场及其三字代码,见表3-6。

西南地区主要机场及其三字代码　　　　　　　　　　　表3-6

机场名称	机场代码	归属省市	城市三字代码
成都双流国际机场	CTU	四川省成都市	CTU
成都天府国际机场	TFU	四川省成都市	TFU

续上表

机场名称	机场代码	归属省市	城市三字代码
重庆江北国际机场	CKG	重庆市	CKG
贵阳龙洞堡国际机场	KWE	贵州省贵阳市	KWE
昆明长水国际机场	KMG	云南省昆明市	KMG
拉萨贡嘎国际机场	LXA	西藏自治区拉萨市	LXA

八、新疆地区主要空港城市、机场

(一)区域概况

新疆维吾尔自治区,简称"新",是中华人民共和国自治区,首府乌鲁木齐市,位于中国西北地区,是中国五个少数民族自治区之一。面积166.49万 km²,是中国陆地面积最大的省级行政区,约占中国国土总面积的六分之一。新疆维吾尔自治区辖4个地级市、5个地区、5个自治州、12个自治区直辖县级市,自治区人民政府驻乌鲁木齐市。新疆自古以来就是多民族聚居地区,目前生活着56个民族,主要居住有汉族、维吾尔族、哈萨克族、回族、蒙古族、柯尔克孜族、锡伯族、塔吉克族、乌孜别克族、满族、达斡尔族、塔塔尔族、俄罗斯族等民族。截至2022年末,自治区常住人口为2587万人。

新疆是中国领土不可分割的一部分。西汉神爵二年(公元前60年),西汉在乌垒(今轮台县内)设立西域都护府,标志着新疆地区正式纳入中国版图。清光绪十年(1884年),清政府正式在新疆设省,并取"故土新归"之意,改称西域为"新疆",1949年9月,新疆和平解放。1955年10月1日,成立新疆维吾尔自治区。新疆维吾尔自治区地处亚欧大陆腹地,陆地边境线5600多km,周边与俄罗斯、哈萨克斯坦、吉尔吉斯斯坦、塔吉克斯坦、巴基斯坦、蒙古国、印度、阿富汗八国接壤,在历史上是古丝绸之路的重要通道,是第二座"亚欧大陆桥"的必经之地,战略位置十分重要。

(二)主要空港城市及其机场

1. 乌鲁木齐

乌鲁木齐市,通称乌市,旧称迪化,新疆维吾尔自治区首府,国务院批复确定的中国西北地区重要的中心城市和面向中亚西亚的国际商贸中心。截至2022年,全市辖7个区、1个县,总面积1.38万 km²,常住人口408.24万人。

乌鲁木齐东有吐哈油田,南有塔里木油田,北有准东油田,西有克拉玛依油田。地下煤炭储量在百亿吨以上,可采煤层总厚度80m,素有"油海上的煤城"之称。

乌鲁木齐地窝堡国际机场(IATA:URC)位于乌鲁木齐市郊西北地窝堡,距乌鲁木齐市区16.8km,与昆明长水国际机场并列为中国两大国家门户枢纽机场,为国家民用一级机场,是国际航空枢纽机场、中国八大区域枢纽机场。2011年,旅客吞吐量首次突破1000万人次,达到1108万人次。2016年12月28日,乌鲁木齐地窝堡国际机场年旅客吞吐量正式突破2000万人次。2021年乌鲁木齐地窝堡国际机场航班放行正常率93.16%,位列旅客吞吐量占全国1%(含)以上的机场首位。

2.喀什

喀什市,新疆维吾尔自治区喀什地区辖县级市,位于新疆维吾尔自治区西南部、塔里木盆地西缘。喀什市下辖8个街道、2个镇、9个乡,总面积1056.8km²,截至2019年,喀什人口71.13万人。

喀什为"喀什噶尔"的简称,"喀什"是突厥语"玉石"之意,"噶尔"是古伊朗语"石"或"山"之意。喀什在未纳入中原政权版图时,常属疏勒国的范围,张骞出使西域才揭开喀什同中原地区的官方交流。东汉永平三年(60年),设置西域都护府,喀什作为西域的一部分,正式列入中国版图。喀什市是国家历史文化名城,是中国最西部的边陲城市,丝绸之路上的商埠重镇、东西方交通的咽喉枢纽和东西方经济文化和文明的重要交汇点。

喀什徕宁国际机场(IATA:KHG),距喀什市中心8km,为4E级军民合用国际机场。喀什徕宁国际机场是中国南方航空的基地机场。2021年,喀什机场共完成旅客吞吐量全国排名第58位,货邮吞吐量10577.6t,全国排名第59位,飞机起降1.9104万架次全国排名第89位。

新疆地区主要机场及其三字代码,见表3-7。

新疆地区主要机场及其三字代码　　　　　　　　　　　表3-7

机场名称	机场代码	归属省市	城市三字代码
乌鲁木齐地窝堡国际机场	URC	新疆维吾尔自治区乌鲁木齐市	URC
喀什徕宁国际机场	KHG	新疆维吾尔自治区喀什市	KHG

九、港澳台地区主要空港城市、机场

1.香港特别行政区

香港特别行政区,简称"港",全称中华人民共和国香港特别行政区,位于中国南部、珠江口以东,西与澳门隔海相望,北与深圳相邻,南临珠海万山群岛,陆地面积1113.76km²,海域面积1641.21km²,总面积2754.97km²。截至2022年末,总人口733.32万人,是世界上人口密度最高的地区之一,人均寿命全球第一。

香港自古以来就是中国的领土,1842—1997年曾受英国殖民统治。第二次世界大战以后,香港经济和社会迅速发展,跻身"亚洲四小龙"行列,成为全球最富裕、经济最发达和生活水准最高的地区之一。1997年7月1日,中国政府对香港恢复行使主权,香港特别行政区成立。中央政府对香港拥有全面管治权,香港保持原有的资本主义制度长期不变,并享受外交及国防以外所有事务的高度自治权,以"中国香港"的名义参加国际组织和国际会议。"一国两制"、"港人治港"、高度自治是中国政府的基本国策。

香港国际机场(IATA:HKG),距香港市区34km,为4F级民用国际机场,世界最繁忙的航空港之一,全球超过100家航空公司在此运营,货运量连续18年居全球第1位。

2. 澳门特别行政区

澳门特别行政区,简称"澳",全称中华人民共和国澳门特别行政区,位于中国南部珠江口西侧,是中国内地与中国南海的水陆交汇处,毗邻广东省,与香港特别行政区相距60km,距离广东省广州市145km。澳门特别行政区由澳门半岛和氹仔、路环二岛以及路氹城(路氹填海区)组成,陆地面积32.9km²。截至2022年底,总人口为67.28万人。

澳门自古以来为中国领土。明嘉靖三十二年(1553年),葡萄牙人通过贿赂广东地方官吏,获准在澳门码头停靠船舶进行贸易;嘉靖三十六年(1557年),葡萄牙人进入并开始聚居澳门;清道光二十年(1840年)鸦片战争后,葡萄牙乘清朝政府战败之机,相继侵占了澳门南面的氹仔岛和路环岛。对于澳门这一历史遗留问题,中华人民共和国政府一贯主张在适当时机通过谈判和平解决。在1986年6月到1987年3月期间,中葡两国政府代表团经过四轮会谈达成协议,并于1987年4月13日在北京正式签署了关于澳门问题的联合声明。1999年12月20日,中国对澳门恢复行使主权,澳门特别行政区宣告正式成立。

澳门国际机场(IATA:MFM)位于中华人民共和国澳门特别行政区氹仔岛,距离市中心约10km,是全球第二个、中国第一个完全由填海造陆而建成的机场。

3. 台湾省

台湾省,简称"台",是中华人民共和国省级行政区,省会台北。

台湾是中国不可分割的一部分。中国台湾地区,是指台湾当局控制下的台湾省(包括台湾本岛与兰屿、绿岛、钓鱼岛等附属岛屿及澎湖列岛),以及福建省的金门、马祖、乌丘等岛屿,陆地总面积3.6万km²。截至2022年底,人口约2341万人。

台湾拥有17座民用机场(含台湾当局控制的福建省金门马祖地区)。台湾民用机场分为国际机场和省内机场两种机场运营模式。台湾的4座国际机场中,台湾桃园国际机场、高雄国际机场是主要国际机场,台北松山机场、台中清泉岗机场是次要国际机场;台湾省内多数大城市与外岛也设有机场,省内机场总共有13座,但少数省内机场也有国际定期航班。台湾各大都市间及各外岛之间皆有常态班机往来,形成了便利的航空网。台湾主要的航空公司有台湾中华航空和长荣航空。

港澳台地区主要机场及其三字代码,见表3-8。

港澳台地区主要机场及其三字代码　　　　　表3-8

机场名称	机场代码	归属省市	城市三字代码
香港国际机场	HKG	香港特别行政区	HKG
澳门国际机场	MFM	澳门特别行政区	MFM
台北桃园国际机场	TPE	台湾省台北市	TPE

任务三　认识中国航空运输区划

综 合 测 评

一、简答题

简述七大民航地区管理局管辖的省、市及自治区。

二、填空题

请写出下列机场的三字代码。

机场名称	机场代码	机场名称	机场代码
哈尔滨太平国际机场		西宁曹家堡国际机场	
长春龙嘉国际机场		兰州中川国际机场	
沈阳桃仙国际机场		银川河东国际机场	
北京首都国际机场		成都双流国际机场	
北京大兴国际机场		成都天府国际机场	
天津滨海国际机场		重庆江北国际机场	
呼和浩特白塔国际机场		贵阳龙洞堡国际机场	
太原武宿国际机场		昆明长水国际机场	
石家庄正定国际机场		拉萨贡嘎国际机场	
郑州新郑国际机场		乌鲁木齐地窝堡国际机场	
武汉天河国际机场		喀什徕宁国际机场	
长沙黄花国际机场		香港国际机场	
南宁吴圩国际机场		澳门国际机场	
桂林两江国际机场		台北桃园国际机场	
广州白云国际机场		上海虹桥国际机场	
深圳宝安国际机场		上海浦东国际机场	
海口美兰国际机场		济南遥墙国际机场	
三亚凤凰国际机场		青岛胶东国际机场	
南昌昌北国际机场		南京禄口国际机场	
福州长乐国际机场		合肥新桥国际机场	
厦门高崎国际机场		杭州萧山国际机场	
西安咸阳国际机场			

任务四

认识中国航线分布

* 一、中国主要航空运输企业
* 二、三大运输保障企业集团
* 三、我国国内航线分布
* 四、我国国际航线分布

航空运输地理

◆ **知识目标**

熟悉中国主要航空运输企业；

熟悉中国主要国内航线；

熟悉中国主要国际航线。

▲ **能力目标**

能够熟练掌握主要航空运输企业的两字代码；

能够熟练说出中国主要航线。

◆ **素养目标**

通过学习不同航空运输企业的业务情况和中国航线分布情况，了解不同航司的企业文化，理解中国民航高质量发展，成为民航强国的发展战略。

任务导入	改革开放以来，我国航空运输快速发展，基本形成了以北京、上海和广州三大航空枢纽为核心的航线网络结构，航线网络的规模和质量都有了极大的提升，为新时代民航强国建设打下了坚实的基础。站在新的历史方位，把握民航高质量发展的理念、内涵和方向，明确民航高质量发展的目标、路径和方法，推动和实现民航高质量发展，成为摆在民航人面前的迫切要求和艰巨任务。你了解我国主要的航空运输企业吗？你知道我国主要的国际国内航线分布特征吗？			
任务实施	分成学习小组，熟练说出国内主要航空公司及其代码，查询主要航空公司的航班时刻表，分析主要航空公司国际国内航线的分布特点。			
任务评价	完成准确性(70%)	小组合作(10%)	语言表达能力(10%)	完成态度(10%)
自评(20%)				
互评(30%)				
教评(50%)				
综合得分				

~ 知 识 讲 解 ~

一、中国主要航空运输企业

截至2022年底，我国共有运输航空公司66家。按不同所有制类别划分：国有控股公司39家，民营和民营控股公司27家。在全部运输航空公司中，全货运航空公司13家，中外合资航空公司9家，上市公司8家。2022年，我国共有定期航班航线4670条，国内航线4334条，其中，港澳台航线27条，国际航线336条。

各航空集团(公司)运输总周转量占地，如图4-1所示。

任务四　认识中国航线分布

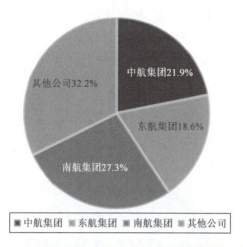

图4-1　2022年各航空(集团)公司运输总周转量占比图

> **小　链　接**
>
> 　　中国航空集团有限公司,简称"中航集团",是以中国国际航空公司为主体,联合中国航空总公司和中国西南航空公司组建而成,是中央直属的特大型国有航空运输集团公司,于2002年10月11日正式成立。到2022年,中航集团总共控制了8家航空公司,分别是中国国际航空公司、深圳航空、山东航空、昆明航空、国航内蒙古分公司、北京航空、大连航空、中国国际货运航空公司,机队规模800多架。此外中航集团还控制着澳门航空,参股西藏航空,旗下山东航空还参股四川航空。
>
> 　　中国东方航空集团,简称"东航集团",核心主业是中国东方航空股份有限公司,东航集团除了东航、东航江苏分公司、东航云南分公司,东航武汉分公司,还拥有中国联合航空、上海航空、一二三航空、中国货运航空4家航空运输子公司,机队规模将近800架。此外东航还参股四川航空、吉祥航空。
>
> 　　中国南方航空集团有限公司,简称"南航集团",核心主业是中国南方航空股份有限公司,截至2022年12月31日,旗下除了南航、南航货运,南航河南分公司,还拥有厦门航空、河南航空、珠海航空、汕头航空、重庆航空、河北航空、江西航空7家航空运输子公司,此外南航还参股四川航空。客货运输飞机超过890架。

(一)中国国际航空股份有限公司

中国国际航空股份有限公司(Air China,IATA:CA),简称"国航",于1988年在北京正式成立,国航是中国唯一载国旗飞行的民用航空公司,也是世界最大的航空联盟——星空联盟成员。国航具有国内航空公司第一的品牌价值,在航空客运、货运及相关服务诸方面,均处于国内领先地位。国航承担着中国国家领导人出国访问的专机任务,也承担许多外国元首和政府首脑在国内的专包机任务,这是国航独有的国家载旗航的尊贵地位。

国航拥有中国历史最长的常旅客计划——"凤凰知音",通过整合控股、参股公司多品牌常旅客会员,统一纳入"凤凰知音"品牌。凤凰知音共享航空公司包括:国航系(中国国际航空股份有限公司、中国国际航空内蒙古有限公司、大连航空有限责任公司、山东航空股份有限公司、深圳航空有限责任公司、澳门航空股份有限公司、北京航空有限责任公司)、国泰航空有限公司、立荣航空公司、维珍航空,以及星空联盟成员。

　　国航的企业标识由一只艺术化的凤凰和中国改革开放的总设计师邓小平同志书写的"中国国际航空公司"以及英文"AIR CHINA"构成。国航标志是凤凰,同时又是英文"VIP"(尊贵客人)的艺术变形,颜色为中国传统的大红,具有吉祥、圆满、祥和、幸福的寓意,寄寓着国航人服务社会的真挚情怀和对安全事业的永恒追求,如图4-2所示。

图4-2　国航企业标志

(二)中国东方航空股份有限公司

　　中国东方航空股份有限公司(China Eastern Airlines,IATA:MU),是一家总部位于上海的国有控股航空公司,在原中国东方航空集团公司的基础上,兼并中国西北航空公司,联合中国云南航空公司重组而成。是中国民航第一家在香港、纽约和上海三地上市的航空公司。2011年6月21日正式加入天合联盟。

　　东方万里行(Eastern Miles)是中国东方航空股份有限公司特别设计的一项全球性常旅客奖励计划。会员可通过乘飞机、住酒店、用信用卡消费等累积积分;还可以用积分换取奖励机票等。共享航空公司包括:东航系(中国东方航空股份有限公司、上海航空股份有限公司、中国联合航空有限公司)、国泰航空有限公司、日本航空公司、澳洲航空公司,以及天合联盟成员。

　　东航航徽是轻盈灵动的银燕,象征翱翔天际的飞机,燕子也被视为东方文化的载体,体现了东方温情。东航企业标志如图4-3所示。

图4-3　东航企业标志

(三)中国南方航空股份有限公司

中国南方航空股份有限公司(China Southern Airlines,IATA:CZ),总部设在广州,成立于1995年,以蓝色垂直尾翼镶红色木棉花为公司标志,是中国运输飞机最多、航线网络最发达、年客运量最大的航空公司。

2007年11月15日南航宣布正式加入天合联盟。2019年1月1日退出天合联盟成员。2009年,南航旅客运输量6628万人次,位列亚洲第一、全球第三,已连续31年居国内各航空公司之首,是亚洲唯一进入世界航空客运前五强,国内唯一连续5年进入世界民航客运前十强的航空公司。

除了头等舱、商务舱及经济舱的设置,南航于2010年3月18日在其国内航线上正式推出高端经济舱,成为中国首家在客机上增设高端经济舱的航空公司。

南航的飞行常客奖励计划是"南航明珠俱乐部"。明珠俱乐部会员可以在南航及四川航空、台湾中华航空等航空合作伙伴的航班上累积和兑换里程。

南方航空集团公司选择木棉花作为航徽的主要内容,一方面是因为公司创立时总部设在中国南方地域广州,木棉花是广州的市花,木棉花航徽既可以显示公司的地域特征,也可顺应南方人民对木棉花的喜爱和赞美。另一方面是因为木棉花所象征的坦诚、热情的风格,表示南航将始终以坦诚、热情的态度为广大旅客、货主提供尽善尽美的航空运输服务。

南航企业标志,如图4-4所示。

图4-4 南航企业标志

(四)海南航空控股股份有限公司

海南航空控股股份有限公司(Hainan Airlines,IATA:HU),于1993年1月成立,起步于中国最大的经济特区和自由贸易港——海南省,1993年至今,海南航空连续安全运行30年。海南航空积极响应国家倡议,融入"一带一路"建设,专注打造国际国内高效互动的、品质型、规模化的卓越型世界级航空网络。积极落实"民航强国"发展战略,在北京、海口、深圳、广州等24个城市建立航空营运基地/分公司。

海航的飞行常客奖励计划是"金鹏俱乐部",倡导"便捷、温馨、超越"的客户服务理念,为旅客提供尊贵的专享优待和丰富的增值服务。目前,海航正在进行资产重组。

海航航徽的顶端,是日月宝珠,寓意东方文化中至高至深的自然;其环形构图,是从东方传说中的大鹏金翅鸟幻化而成;底部是浪花的写意表达,寓意海航将一石激起千重浪,惊涛拍岸,卷起千堆雪。

海航企业标志,如图4-5所示。

图4-5　海航企业标志

(五)春秋航空股份有限公司

春秋航空股份有限公司(Spring Airlines,IATA:9C),是中国首个民营资本独资经营的低成本航空公司,也是首家由旅行社起家的低成本航空公司。总部在上海,在上海虹桥国际机场、上海浦东国际机场、石家庄正定国际机场、沈阳桃仙国际机场、扬州泰州国际机场等设有基地。

春秋航空倡导反奢华的低成本消费理念和生活方式,采取的措施包括单一机型(机队全部由空客A320和A321构成)、单一舱位(不设头等舱、商务舱,只设经济舱)、高客座率(开航以来平均客座率95%左右,居全球低成本航空第一)、高飞机利用率(高于国内行业平均20%)、低销售费用(采用网上直销为主渠道、不开门市)等,大大节省了不必要的开支。

截至2022年末,春秋航空已拥有116架空客A320系列飞机,平均机龄6~7年。开通了往返于日本、韩国、泰国、马来西亚、柬埔寨等10余条国际及地区航线,开通了上海、广州、成都、深圳、威海、昆明、重庆、珠海、揭阳(汕头)、厦门、三亚、沈阳、哈尔滨、长春、大连、青岛、石家庄、西安、绵阳、兰州、乌鲁木齐、呼和浩特、杭州、南京、合肥、宁波、常德、张家界、桂林、南宁、淮安、洛阳、扬州、广元等70余条国内航线。

绿翼会员是春秋航空的会员积分计划,是专门为春秋航空常旅客打造的积分奖励计划,拥有更高的积分返还,更灵活的累积和使用方式,全过程的贴心服务。

春秋航空有限公司的标志运用了春秋航空的英文首字母"S"进行设计。采用了3个S相互重叠、交叉组合而成,表现出了互动、团结联结。春秋航空3S标志寓意着安全(Safety)、微笑(Smile)和真诚(Sincerity),春秋航空企业标志,如图4-6所示。

图4-6　春秋航空企业标志

(六)上海吉祥航空股份有限公司

上海吉祥航空股份有限公司(Juneyao Airlines,IATA:HO)是国内著名民营企业均瑶集团成立的以上海为基地的新兴民营航空公司,由均瑶集团所属的上海均瑶(集团)有限公司和上海均瑶航空投资有限公司共同投资筹建。

吉祥航空主营基地是上海虹桥国际机场和浦东国际机场。以上海为中心,形成国内和周边地区航线为枢纽网络的航线网络布局。如意俱乐部是由上海吉祥航空股份有限公司管理并运营的常旅客奖励计划。

吉祥航空企业的标识是"吉祥凤凰"。吉祥航空标志的创意灵感来自以吉祥凤凰为图案的中国古代的圆形玉佩。凤凰是自由翱翔的化身,和航空产业联系紧密,寓意吉祥和太平。玉蕴含着深厚的人文内涵,是吉祥如意的瑞物,代表了吉祥航空既有外表的明智而又兼具内在的诚实守信、乐观进取、坚忍不拔的崇高精神,象征着吉祥航空的品牌将和宝玉一样,经过时间的淬炼,更显出自身的价值。吉祥航空企业标志,如图4-7所示。

图4-7　吉祥航空企业标志

(七)山东航空公司

山东航空公司(Shandong Airlines,IATA:SC)于1994年经中国民用航空总局和山东省人民政府批准成立,由山东省经济开发投资公司等股东发起成立,被誉为"齐鲁之翼",是从事航空运输相关产业经营的企业集团公司,现为中国国际航空股份有限公司的旗下企业。

山航在济南、青岛、烟台、厦门、重庆、北京、乌鲁木齐、贵阳等地设有分公司和飞行基地,形成了以山东、厦门、重庆为支点,"东西串联、南北贯通"的航线网络布局。目前经营国内、国际、地区航线共290多条,每周4300多个航班飞往全国90多个大中城市,并开通韩国、日本、泰国、印度、柬埔寨等周边国家及中国台湾、中国香港等地区航线。

山航的标志中三个"S"形曲线代表擅长飞翔、纪律严明的飞雁,同时也象征团结一致,飞雁的三个"S"形翅膀看上去也像中文"山"的变体,而"山"是"山东省"的第一个字,这三个"S"还分别代表Shandong(山东)、Safety(安全)和Success(成功)。

山东航空企业标志,如图4-8所示。

图4-8　山东航空企业标志

(八)四川航空股份有限公司

四川航空股份有限公司(Sichuan Airlines,IATA:3U)的前身是四川航空公司,该公司成立于1986年9月19日,1988年7月14日正式开航营运。四川航空集团有限责任公司成立于2002年8月29日,四川航空集团有限责任公司持有四川航空股份有限公司40%的股份,为第一大股东,其他股东分别为中国南方航空、中国东方航空、山东航空、成都银杏金阁投资有限公司。

作为中国最具特色的航空公司之一,川航以安全为品牌核心价值,运营中国国内最大的全空客机队,执飞国内、地区、国际航线超过300条,航线网络覆盖亚洲、欧洲、澳洲、北美洲及非洲。"金熊猫会员俱乐部"是川航专为经常搭乘川航航班的常旅客设计的全方位里程奖励计划。

四川航空的航徽是一只海燕,它奋力翱翔、志存高远的气质,与川航人"咬定青山"的企业精神紧密契合。圆圈代表地球,四条波浪纹寓意百川赴海,奔流涌进,上善若水,厚德载物。同时,对应川航"真、善、美、爱"的价值观,象征着川航从内陆起飞,萃取陆地文明的稳定持重与海洋文明的外向开拓,以"东成西就,南北纵横,上山出海,网络搭台"的战略布局,架起一座座贯通南北、联通中外的空中金桥。

四川航空企业标志,如图4-9所示。

图4-9　四川航空企业标志

(九)深圳航空有限责任公司

深圳航空有限责任公司(Shenzhen Airlines,IATA:ZH)于1992年11月成立,1993年9月17日正式开航。股东为中国国际航空股份有限公司、深圳全程物流服务有限公司等,主要经营航空客、货、邮运输业务。

作为与特区共同成长起来的航空企业,深航扎根深圳,服务大众,搭建起一条条深圳对外经贸往来和文化交流的"空中走廊"。深航不仅注重企业自身发展,还自觉履行社会责任、感恩回报社会,被誉为深圳的一张亮丽名片。

"民族之鹏"是深圳航空的新标志。"民族之鹏"是中国传统文化和现代文化集合的图腾。挺拔傲立,充满生机,体现果断进取的精神。标志造型气势磅礴、沉着矫健,呈高瞻远瞩、胸怀万物、根基稳固之三态,代表深圳航空"沉稳,诚信,进取"的理念。

深圳航空企业标志,如图4-10所示。

图4-10 深圳航空企业标志

(十)厦门航空有限公司

厦门航空有限公司(Xiamen Air,IATA:MF),简称厦航,成立于1984年7月25日,是由民航局与福建省合作创办的中国首家按现代企业制度运营的航空公司,现股东为中国南方航空股份有限公司(55%)、厦门建发集团有限公司(34%)和福建省投资开发集团有限责任公司(11%)。

白鹭会员俱乐部是厦门航空有限公司为回馈厦航旅客而专门设计的一项积分奖励计划。

厦航全新企业标志名为"一鹭高飞",象征着传承中变革的厦航,在延续原有设计的美好寓意上进行优化,淡化原有视觉上的束缚感,强化视觉张力,同时沿用经典的"厦航蓝",使新的白鹭造型更加简洁舒展、大气有冲劲,更具活力与现代感。

厦门航空企业标志,如图4-11所示。

图4-11 厦门航空企业标志

小链接

据 VISUAL CAPITALIST 对 2022 年航空客运量的统计,经过新冠疫情的影响后,航空业呈现回升态势,2022 年客运量同比增长 30%,收入同比增长 50%。位居榜首的是美国航空,2022 年载客量接近 2 亿人次,该航空公司最受欢迎的航线是达拉斯沃斯堡和洛杉矶之间的航线,每天运营 30 多个航班。第二位是美国的达美航空,运送了超过 1.7 亿人次,排名第三的是总部位于爱尔兰的瑞安航空集团(Ryanair Group),运送旅客 1.68 亿人次。2022 年全球客运量排名前二十的航空公司见表 4-1。

2022 年全球客运量排名前二十的航空公司(VISUAL CAPITALIST)　　表 4-1

排名	航空公司名称	客运量(亿人次)	国家
1	美国航空	1.993	美国
2	达美航空	1.714	美国
3	瑞安航空	1.686	爱尔兰
4	美国联合航空	1.443	美国
5	美国西南航空	1.266	美国
6	汉莎航空	1.018	德国
7	国际航空集团	0.947	英国
8	靛蓝航空公司	0.853	印度
9	土耳其航空公司	0.718	土耳其
10	英国易捷航空公司	0.697	英国
11	法国航空-荷兰皇家航空集团	0.65	法国
12	中国南方航空	0.626	中国
13	拉塔姆航空	0.625	智利
14	维兹航空公司	0.511	匈牙利
15	阿联酋航空	0.436	阿联酋
16	中国东方航空	0.425	中国
17	阿拉斯加航空	0.415	美国
18	俄罗斯航空	0.407	俄罗斯
19	捷蓝航空	0.396	美国
20	全日空	0.388	日本

二、三大运输保障企业集团

(一)中国民航信息网络股份有限公司

中国民航信息网络股份有限公司是中国民航信息集团旗下的重点企业,是中国航空旅游业信息科技解决方案的主导供应商。

中国民航信息集团有限公司暨中国民航信息网络股份有限公司(简称"中国航信")是隶属于国务院国资委管理的中央企业,是专业从事航空运输旅游信息服务的大型国有独资高科技企业,也是国资委监管企业中唯一从事信息服务的中央企业。

中国航信是中国国内除春秋航空之外的全部航空公司,为300余家外国及地区航空公司提供电子旅游分销(Electronic Travel Distribution,ETD),包括航班控制系统(Inventory Control System,ICS)服务、计算机分销系统(Computer Reservation System,CRS)服务和机场旅客处理(Airport Passenger Processing,APP)。并拓展与上述核心业务相关的延伸信息技术服务,为航空公司提供决策支持的数据服务、支持航空联盟的产品服务、发展电子客票和电子商务的解决方案,以及为航空公司和机场提供提高地面营运效率的信息管理系统等服务。

(二)中国航空油料集团有限公司

中国航空油料集团有限公司(简称"中国航油")成立于2002年10月11日,是以原中国航空油料总公司为基础组建的国有大型航空运输服务保障企业,是国内最大的集航空油品采购、运输、储存、检测、销售、加注为一体的航油供应商。

中国航油控股、参股17个海内外企业,构建了遍布全国的航油、成品油销售网络和完备的油品物流配送体系,在全国160多个机场拥有供油设施,为全球190多家航空客户提供航油加注服务,在25个省、自治区、直辖市为民航及社会车辆提供汽柴油及石化产品的批发、零售、仓储及配送服务,在长三角、珠三角、环渤海湾和西南地区建有大型成品油及石化产品的物流储运基地。

(三)中国航空器材进出口集团有限公司

中国航空器材集团有限公司,以航空器材保障为主业的综合性服务保障企业。中国航空器材集团有限公司是专门从事飞机采购及航空器材保障业务的专业公司。近30年来,公司为国内各航空公司购买和租赁飞机计1700余架,进口了数量众多的机场各种配套设施、专用车辆及大型的空中交通管制系统和校验设备等,每年的进出口总额达20多亿美元。

中国航空器材集团公司成立以来,与空客公司和波音公司签订了多个采购批次,多次批量采购的圆满完成为降低航空公司采购成本发挥了积极作用,同时深化了中国航材集团公司与各航空公司在多领域的良好合作关系。公司与波音、空客、GE、罗罗、普惠等飞机、发动机生产厂商合作,在北京建立了大型零备件供应服务中心,开展零备件寄售和送修业务,并同空客公司和普惠公司合作建立航空培训中心和发动机维修培训中心,有效提升产品售后服务,为保证飞行安全和飞行正常做出了积极的贡献。

三、我国国内航线分布

(一)我国国内航线分布特征

(1)我国国内航线集中分布于哈尔滨—西安—成都—昆明一线以东地区,以北京、上海、广州的三角地带最为密集。整体上看,航线密度由东向西逐渐减少。

(2)航线多以大、中城市为主向外辐射,由若干个放射状的系统相互连通,共同形成全国的航空网络。

(3)国内航线多呈南北向分布,在此基础上,部分航线从沿海向内陆延伸,呈东西向分布。

(4)我国航线结构多以城市对式为主,并开始向轮辐式航线结构优化,航线客货运量以干线为主,支线网络尚未完善,运量较低。

(二)我国国内主要航线

1.以北京为中心的辐射航线

以北京为中心的辐射航线有:BJS(北京)—CAN(广州)、SHA(上海)、SIA(西安)、CTU(成都)、KMG(昆明)、XMN(厦门)、HGH(杭州)、SZX(深圳)、KWL(桂林)、HRB(哈尔滨)、DLC(大连)、CGQ(长春)、HFE(合肥)、URC(乌鲁木齐)、HAK(海口)、TSN(天津)、HKG(香港)等。

2.以上海为中心的辐射航线

以上海为中心的辐射航线有:SHA(上海)—CAN(广州)、KWL(桂林)、CTU(成都)、SIA(西安)、HRB(哈尔滨)、DLC(大连)、WUH(武汉)、FOC(福州)、XMN(厦门)、CKG(重庆)、KMG(昆明)、URC(乌鲁木齐)、HAK(海口)、LXA(拉萨)、HKG(香港)等。

3.以广州为中心的辐射航线

以广州为中心的辐射航线有:CAN(广州)—BJS(北京)、SHA(上海)、CTU(成都)、KWL(桂林)、KMG(昆明)、KHN(南昌)、NKG(南京)、NNG(南宁)、SHE(沈阳)、DLC(大连)、CGQ(长春)、SIA(西安)、HAK(海口)、CKG(重庆)、URC(乌鲁木齐)等。

4.以香港为中心的辐射航线

以香港为中心的辐射航线有:HKG(香港)—BJS(北京)、SHA(上海)、DLC(大连)、TSN(天津)、TAO(青岛)、HGH(杭州)、FOC(福州)、KMG(昆明)、SIA(西安)、CKG(重庆)、CTU(成都)、SWA(汕头)等。

小链接

某专业航班出行服务APP公布的2023年上半年国内各大城市往返航班量数据排名,如图4-12所示。由图可见,上海虹桥与深圳宝安国际机场之间的沪深快线成为中国最繁忙的空中航线,往返航班量高达13535架次,日均75个航班。曾经多次夺得国内最繁忙航线桂冠的北京首都国际机场与上海虹桥国际机场航线,往返航班量为13306架次,日均74个航班,仅比上海虹桥与深圳宝安国际机场航线少一个航班,屈居第二名。

图4-12 2023年上半年国内各大城市往返航班量TOP20

四、我国国际航线分布

(一)我国国际航线分布特征

(1)我国国际航线以北京、上海、广州三大国际空港城市为主,以大连、青岛、厦门、深圳等重要沿海城市,成都、西安、杭州、南京、武汉、长沙等重要内地城市,哈尔滨、乌鲁木齐、昆明等沿边城市为辅,分别向其他国家辐射,形成东线、西线和南线。

(2)我国国际航线主流呈东西走向,向东连接日本、韩国、北美,向西连接中东、欧洲,向南连接东南亚、大洋洲。

(3)由于我国国际航线的分布集中在中日、中韩、中美及中欧,而这些国际地区都属于北半球的中纬度地区,因此成为北半球航空圈带的重要组成部分。

(二)我国主要国际航线

按照我国航线的分布特征,我国的国际航线基本可以分为东线、西线和南线。

1.东线

东线主要由近程的中日航线、中韩航线和远程的北美航线组成。

(1)中日航线是我国目前通航城市最多、航班密度最大、运营航空公司最多的重要国际航线。日本的中日航线主要通航城市有东京、大阪、福冈、广岛、名古屋等,中国的主要通航城市有北京、上海、广州、深圳、厦门、杭州等。

(2)中韩航线是我国第二大国际航线。韩国的中韩航线主要通航城市有首尔、济州等,中国的主要通航城市有北京、上海、广州、青岛、沈阳、厦门等。

(3)北美航线中主要是中美航线。中美航线是目前我国重要的远程航线,也是竞争最激烈的航线之一。美国的中美航线主要通航城市有温哥华、旧金山、西雅图、洛杉矶、纽约等,中国的主要通航城市有北京、上海、广州、南京、厦门等。

2.西线

西线大致可分为中国—欧洲航线、中国—中东航线。

(1)中国—欧洲航线,是指从我国东部城市向西飞越欧亚大陆,途经中东到英国、法国、德国、意大利、荷兰等欧洲各国的航线。欧洲的中欧航线主要通航城市有莫斯科、柏林、伦敦、法兰克福、巴黎、布达佩斯、维也纳、罗马、米兰、马德里等,中国的主要通航城市有北京、上海、广州、天津、深圳、青岛、沈阳、郑州、西安、杭州、成都等。

(2)中国—中东航线,这里的中东航线泛指从我国东部城市到亚洲中南部地区的中程国际航线。其中,亚洲中南部地区的主要通航城市有新德里、孟买、达卡、迪拜等,中国的主要通航城市有北京、上海、广州、厦门、深圳、成都、西安、青岛等。

3.南线

南线主要包括我国东部城市到东南亚地区、大洋洲及太平洋岛屿的航线,它是我国重要的中近程国际航线。

(1)东南亚地区的主要通航城市有吉隆坡、槟城、马尼拉、雅加达、新加坡、金边、胡志明市、曼谷、普吉岛、巴厘岛等。

(2)大洋洲及太平洋岛屿的主要通航城市有墨尔本、悉尼、布里斯班、塞班等,中国主要通航城市有北京、上海、广州、厦门、深圳、昆明等。

除以上主要通航城市航线外,我国还有一些沿边地区的短程国际航线。例如,KMG(昆明)—RGN(仰光)、CAN(广州)—SGN(胡志明市)、呼和浩特(HET)—乌兰巴托(UBN)、乌鲁木齐(URC)—阿拉木图(ALA)等。

> **小 链 接**
>
> 　　2024年初，国内航空数据平台——航班管家发布了《2023年全国千万级机场旅客吞吐量排名》，共有38个大型机场登上千万级机场榜单，见表4-2。广州白云国际机场连续四年蝉联第一名，上海浦东、北京首都、深圳宝安、成都天府分列第二至第五名。
>
> 2023年旅客吞吐量全国排名前40的机场　　　　表4-2
>
> | 排名 | 机场 | 旅客吞吐量(万人次) | 排名 | 机场 | 旅客吞吐量(万人次) |
> |---|---|---|---|---|---|
> | 1 | 广州白云国际机场 | 6323.4 | 21 | 青岛胶东国际机场 | 2148.3 |
> | 2 | 上海浦东国际机场 | 5450.1 | 22 | 哈尔滨太平国际机场 | 2043.4 |
> | 3 | 北京首都国际机场 | 5296.4 | 23 | 沈阳桃仙国际机场 | 2042.2 |
> | 4 | 深圳宝安国际机场 | 5274.1 | 24 | 贵阳龙洞堡国际机场 | 1942.7 |
> | 5 | 成都天府国际机场 | 4482.3 | 25 | 天津滨海国际机场 | 1851.6 |
> | 6 | 重庆江北国际机场 | 4472.6 | 26 | 济南遥墙国际机场 | 1758.2 |
> | 7 | 上海虹桥国际机场 | 4248.3 | 27 | 大连周水子国际机场 | 1623.2 |
> | 8 | 昆明长水国际机场 | 4193.5 | 28 | 兰州中川国际机场 | 1548.0 |
> | 9 | 西安咸阳国际机场 | 4135.4 | 29 | 长春龙嘉国际机场 | 1536.3 |
> | 10 | 杭州萧山国际机场 | 4127.7 | 30 | 南宁吴圩国际机场 | 1369.9 |
> | 11 | 北京大兴国际机场 | 3961.9 | 31 | 福州长乐国际机场 | 1316.3 |
> | 12 | 成都双流国际机场 | 3014.9 | 32 | 宁波栎社国际机场 | 1292.6 |
> | 13 | 南京禄口国际机场 | 2731.7 | 33 | 太原武宿国际机场 | 1283.1 |
> | 14 | 长沙黄花国际机场 | 2722.3 | 34 | 温州龙湾国际机场 | 1169.5 |
> | 15 | 武汉天河国际机场 | 2587.2 | 35 | 珠海金湾国际机场 | 1137.5 |
> | 16 | 郑州新郑国际机场 | 2532.7 | 36 | 呼和浩特白塔国际机场 | 1125.5 |
> | 17 | 乌鲁木齐地窝堡国际机场 | 2504.0 | 37 | 合肥新桥国际机场 | 1117.0 |
> | 18 | 海口美兰国际机场 | 2421.3 | 38 | 南昌昌北国际机场 | 1019.0 |
> | 19 | 厦门高崎国际机场 | 2412.0 | 39 | 石家庄正定国际机场 | 976.9 |
> | 20 | 三亚凤凰国际机场 | 2165.7 | 40 | 银川河东国际机场 | 764.3 |

> **小 链 接**
>
> 　　国际机场理事会(ACI World)公布了2022年全球最繁忙的十大机场，见表4-3。前四位的机场与2021年持平，哈兹菲尔德-杰克逊亚特兰大机场(ATL)在2022年迎来了9370万名乘客(+23.8%)，继续位居榜首，其次是达拉斯-沃斯堡机场(DFW)、丹佛国际机场(DEN)、芝加哥奥黑尔机场(ORD)。在全球排名前10的机场中，有5个在美国。前10名中涨幅最大的是伦敦希思罗机场，该机场在关闭两年重新开放边境后，从2021年的排名第54位上升到第8位。

2022年旅客吞吐量全球排名前10的机场　　　　　表4-3

机场名称	2019年排名	2021年排名	2022年排名	旅客吞吐量(万人次)
美国哈兹菲尔德-杰克逊亚特兰大国际机场	1	1	1	9369.963
美国达拉斯-沃思堡国际机场	10	2	2	7336.2946
美国丹佛国际机场	16	3	3	6928.6461
美国芝加哥奥黑尔国际机场	6	4	4	6834.0619
阿联酋迪拜国际机场	4	27	5	6606.9981
美国洛杉矶国际机场	3	5	6	6592.4298
伊斯坦布尔机场	28	14	7	6428.9107
伦敦希思罗国际机场	7	54	8	6161.4508
新德里国际机场	17	13	9	5949.0074
巴黎戴高乐机场	9	31	10	5747.4033

综合测评

一、选择题

1. 下列航司属于中航集团的是(　　)。
   A. 山东航空　　　　B. 澳门航空　　　　C. 北京航空　　　　D. 厦门航空
2. 下列航司属于东航集团的是(　　)。
   A. 中国联合航空　　B. 江西航空　　　　C. 珠海航空　　　　D. 一二三航空
3. 下列航司属于南航集团的是(　　)。
   A. 河南航空　　　　B. 河北航空　　　　C. 厦门航空　　　　D. 大连航空

二、简答题

简述三大运输保障集团的作用。

三、分析题

1. 查询吉祥航空和春秋航空的国际航线,比较其分布特点。
2. 查询东航和国航北美洲航线,比较其分布特点。

任务五

认识国际航空运输区划

* 一、国际主要航空运输组织
* 二、国际航协交通区域划分

◇ 知识目标

熟悉国际航协三个大区及次区的划分；

熟悉三个大区主要空港城市、机场。

▲ 能力目标

能够熟练说出国际航协三区的范围；

能够熟练掌握三区中的主要城市、机场的三字代码。

◎ 素养目标

了解不同国家民航发展情况，树立全球意识，认识我国民航发展的成就及与发达国家的差距，砥砺奋进民航高质量发展新征程，为中国迈入民航强国而努力。

任务导入	为了协调国内航空运输事务，中国各个航空区域对应由不同民航管理局管理。同样，为了协调国际民航事务、制定航空技术国际标准以及统计分析世界民航的生产数据，国际民用航空组织（International Civil Aviation Organization，简称ICAO）也将世界民航划分了区域。而为了协调和制定国际运价的计算规则，国际航空运输协会（International Air Transport Association，简称IATA）也把全球划分为三个大区，各大区下面又分为多个小区域（次区），这样划分出的区域称为国际航空运输协会运价协调区（IATA Traffic Conference Areas）。其中航协三个大区及次区的划分是我们民航地面服务从业人员经常会用到的业务知识。你知道航协区域是怎样划分的吗？每个区域包含哪些国家和地区？
任务实施	分成学习小组，每个小组准备至少一个地球仪或一份纸质世界地图，在地图上指出航协三区及次区包含的范围，并能说出该区域的主要城市和机场及其三字代码。
任务评价	完成准确性（70%）	小组合作（10%）	语言表达能力（10%）	完成态度（10%）
自评（20%）				
互评（30%）				
教评（50%）				
综合得分				

～ 知 识 讲 解 ～

一、国际主要航空运输组织

航空运输经过近一个世纪的发展，在国际、国内形成了一套完整的保障管理体系，促进了航空运输业安全、健康、有序地发展。其中影响比较大的国际组织和协会有：国际民用航空组织（ICAO）、国际航空运输协会（IATA）、国际机场理事会（ACI）和国际航空电信协会（SITA）。

(一)国际民用航空组织(ICAO)

国际民用航空组织(International Civil Aviation Organization,简称ICAO),为促进全世界民用航空安全、有序地发展而成立。总部设在加拿大蒙特利尔,制定国际空运标准和条例,是193个缔约国(截至2022年)在民航领域中开展合作的媒介。

国际民航组织前身为根据1919年《巴黎公约》成立的空中航行国际委员会(ICAN)。由于第二次世界大战对航空器技术发展起到了巨大的推动作用,使得世界上已经形成了一个包括客货运输在内的航线网络,但随之也引起了一系列亟须国际社会协商解决的政治上和技术上的问题。因此,在美国政府的邀请下,52个国家于1944年11月1日至12月7日参加了在芝加哥召开的国际会议,签订了《国际民用航空公约》(通称《芝加哥公约》),按照公约规定成立了临时国际民航组织(PICAO)。

1947年4月4日,《芝加哥公约》正式生效,国际民航组织也因之正式成立,并于5月6日召开了第一次大会。同年5月13日,国际民航组织正式成为联合国的一个专门机构。

国际民航组织(ICAO)的宗旨和目的在于发展国际航行的原则和技术,促进国际航空运输的规划和发展,以便实现下列各项目标:

(1)确保全世界国际民用航空安全地和有秩序地发展;
(2)鼓励为和平用途的航空器的设计和操作技术;
(3)鼓励发展国际民用航空应用的航路、机场和航行设施;
(4)满足世界人民对安全、正常、有效和经济的航空运输的需要;
(5)防止因不合理的竞争而造成经济上的浪费;
(6)保证缔约各国的权利充分受到尊重,每一缔约国均有经营国际空运企业的公平的机会;
(7)避免缔约各国之间的差别待遇;
(8)促进国际航行的飞行安全;
(9)普遍促进国际民用航空在各方面的发展。

上述九项目标共涉及国际航行和国际航空运输两个方面问题。前者为技术问题,主要是安全;后者为经济和法律问题,主要是公平合理,尊重主权。两者的共同目的是保证国际民航安全、正常、有效和有序地发展。

中国是《国际民用航空公约》创始缔约国之一,1946年成为正式成员。1971年11月,国际民航组织理事会通过决议,承认中华人民共和国政府的代表为中国驻国际民航组织的唯一合法代表。1974年2月,中国政府正式恢复参加该组织并于当年当选为二类理事国后一直连任。2004年第35届大会上,中国当选为一类理事国并连任至今。

(二)国际航空运输协会(IATA)

国际航空运输协会(International Air Transport Association,简称IATA)是一个由世界各国航空公司所组成的大型国际组织,其前身是1919年在海牙成立并在第二次世界大战时解体的国际航空业务协会,总部设在加拿大的蒙特利尔,执行机构设在日内瓦。和监管航空安全和航行规则的国际民航组织相比,它更像是一个由承运人(航空公司)组成的国际协调组织,管理在民航运输中出现的诸如票价、危险品运输等问题,主要作用是通过航空运输企业来协调和沟通政府间的政策,并解决实际运作的问题。

国际航协从组织形式上是一个航空企业的行业联盟,属非官方性质组织,但是由于世界上的大多数国家的航空公司是国家所有,即使非国有的航空公司也受到所属国政府的强力参与或控制,因此航协实际上是一个半官方组织。它制定运价的活动,也必须在各国政府授权下进行,它的清算所对全世界联运票价的结算是一项有助于世界空运发展的公益事业,因而国际航协发挥着通过航空运输企业来协调和沟通政府间政策,解决实际运作困难的重要作用。

IATA的宗旨是为了世界人民的利益,促进安全、正常而经济的航空运输,对于直接或间接从事国际航空运输工作的各空运企业提供合作的途径,与国际民航组织以及其他国际组织通力合作。

国际航空运输协会的活动有:
(1)协商制定国际航空客货运价;
(2)统一国际航空运输规章制度;
(3)通过清算所,统一结算各会员间以及会员与非会员间联运业务账目;
(4)开展业务代理;
(5)进行技术合作;
(6)协助各会员公司改善机场布局和程序、标准,以提高机场运营效率等。

(三)国际机场理事会(ACI)

国际机场理事会(Airports Council International,简称ACI),原名为国际机场联合协会(Airports Association Council International),于1991年1月成立,1993年1月1日改称国际机场理事会。国际机场理事会是全世界所有机场的行业协会,是一个非营利的组织,其宗旨是加强各成员与全世界民航业各个组织和机构的合作,包括政府部门、航空公司和飞机制造商等,并通过这种合作促进建立一个安全、有效、与环境和谐的航空运输体系。

国际机场理事会的主要业务和目标是:
(1)保持和发展世界各地民用机场之间的合作,相互帮助;
(2)就各成员机场所关心的问题,明确立场,形成惯例,以"机场之声"的名义集中发布和推广这些立场和惯例;
(3)制定加强民航业各方面合作的政策和惯例,形成一个安全、稳定、与自然环境相适应的高效的航空运输体系,推动旅游业和货运业乃至各国和世界经济的发展;
(4)在信息系统、通信、基础建设、环境、金融、市场、公共关系、经营和维修等领域内交流有关提高机场管理水平的信息;
(5)向国际机场理事会的各地区机构提供援助,协助其实现上述目标。

(四)国际航空电信协会(SITA)

国际航空电信协会(Society International De Telecommunicatioan Aero-nautiques,简称

SITA)是联合国民航组织认可的一个非营利的组织,是航空运输业世界领先的电信和信息技术解决方案的集成供应商。目标是带动全球航空业使用信息技术的能力,并提高全球航空公司的竞争能力,不仅为航空公司提供网络通信服务,还可为其提供共享系统,如机场系统、行李查询系统、货运系统、国际票价系统等。

除全球通信网络外,SITA还建立并运行着两个数据处理中心,一个是设在美国亚特兰大的旅客信息处理中心,主要提供自动订座、离港控制、行李查询、旅客订座和旅行信息;另外一个是设在伦敦的数据处理中心,主要提供货运、飞行计划处理和行政事务处理业务。

中国民航于1980年5月加入SITA。中国民航通信网络与SITA相连通,实现了国内各个航空公司、机场航空运输部门与外国航空公司和SITA亚特兰大自动订座系统连通,实现大部分城市订座自动化。中国民航还部分使用了SITA伦敦飞行计划自动处理系统,在商定的航线采用自动处理的飞行计划。我国的三大航空公司加入了SITA,成为其会员,这三家公司是中国国际航空公司、东方航空公司、南方航空公司。

二、国际航协交通区域划分

为了制定票价和货物运费的标准,国际航协根据各国的地理位置及经济发展状况将全球分为三个航空运输业务区,称为国际航协交通会议区(IATA Traffic Conference Area,简称TC),分别是Area TC1、Area TC2、Area TC3,每个大区下又进行次一级的分区,称为次区(Sub-Area)。

三个大区之间的分界线如下:

(1)一区和二区的分界线为天然屏障——大西洋。

(2)一区和三区的分界线为天然屏障——太平洋,夏威夷群岛属于一区,太平洋其他岛屿划入三区。

(3)二区和三区的分界线,从北至南为:乌拉尔山、乌拉尔河、里海、土库曼斯坦、伊朗、阿富汗、巴基斯坦的国境线。其中伊朗位于二区,土库曼斯坦、阿富汗、巴基斯坦位于三区。

(一)IATA一区

IATA一区指南北美洲大陆及其邻近的岛屿,格陵兰岛、百慕大群岛、西印度群岛及加勒比海群岛、夏威夷群岛(包括中途岛和巴尔米拉环礁)。

对应不同的运价设置,一区有两种次区划分方法。

1.IATA一区的第一种次区划分

(1)北美洲次区(North America Subarea)

北美洲次区包括加拿大、美国、墨西哥、法属圣皮埃尔和密克隆岛。

(2)中美洲次区(Central America Subarea)

中美洲次区包括伯利兹、哥斯达黎加、萨尔瓦多、危地马拉、洪都拉斯、尼加拉瓜。

(3)加勒比次区(Caribbean Area Subarea)

加勒比次区包括：安圭拉、安提瓜和巴布达、阿鲁巴、巴哈马、巴巴多斯、百慕大、开曼群岛、古巴、多米尼克、多米尼加共和国、格林纳达、瓜德罗普岛、海地、牙买加、马提尼克、蒙特塞拉特、荷属安的列斯、圣基茨和尼维斯、圣卢西亚、圣文森特和格林纳丁斯、特立尼达和多巴哥、特克斯和凯科斯群岛、英属维尔京群岛和美属维尔京群岛。

(4)南美洲次区(South America Subarea)

南美洲次区包括：包括阿根廷、巴西、玻利维亚、哥伦比亚、智利、厄瓜多尔、法属圭亚那、圭亚那、巴拿马、秘鲁、巴拉圭、苏里南、乌拉圭、委内瑞拉。❶

2.IATA一区的第二种次区划分

当使用一区和二/三区间经大西洋航线的运价时，一区还可以划分为以下三个次区：

(1)北大西洋次区(North Atlantic Subarea)

北大西洋次区包括加拿大、格陵兰岛、墨西哥、圣皮埃尔和密克隆、美国(包含阿拉斯加、夏威夷群岛、波多黎各、美属维尔京群岛)。

(2)中大西洋次区(Central Atlantic Subarea)

中大西洋次区包括安圭拉、安提瓜和巴布达、阿鲁巴、巴哈马、巴巴多斯、伯利兹、百慕大、玻利维亚、开曼群岛、哥伦比亚、哥斯达黎加、古巴、多米尼克、多米尼加共和国、厄瓜多尔、萨尔瓦多、法属圭亚那、格林纳达、瓜德罗普、危地马拉、圭亚那、海地、洪都拉斯、牙买加、马提尼克、蒙特塞拉特、荷属安的列斯、尼加拉瓜、巴拿马、秘鲁、圣基茨和尼维斯、圣卢西亚、圣文森特和格林纳丁斯、苏里南、特立尼达和多巴哥、特克斯和凯科斯群岛、委内瑞拉、英属维尔京群岛。

(3)南大西洋次区(South Atlantic Subarea)

南大西洋次区包括阿根廷、巴西、智利、巴拉圭、乌拉圭。

3.一区主要国家

(1)加拿大

①国家概况

加拿大(Canada)，位于北美洲北部，西抵太平洋，东迄大西洋，北至北冰洋，东北部和丹麦领地格陵兰岛相望，东部和法属圣皮埃尔和密克隆群岛相望，南方与美国本土接壤，西北方与美国阿拉斯加州为邻。加拿大大部分国土处于较高纬度，气候比较寒冷，冬季漫长而夏季短促，但东部和西部沿海一带，以及靠近美国哈德逊河流和五大湖的地区，气候温暖湿润，是加拿大人口稠密、经济发达的区域。

加拿大总面积998万 km²，整体面积仅次于俄罗斯，位居世界第二，全国分10个省、3个地区。

加拿大政治体制为联邦制、君主立宪制及议会制，是英联邦国家之一。截至2023年1月，加拿大总人口为3950万人。主要为英、法等欧洲后裔，土著居民约占3%，其余为亚洲、拉美、非洲裔等。英语和法语同为官方语言。居民中信奉基督教的约占63.2%。

---

❶ 南美洲次区和加勒比次区有一部分是重合的。

加拿大素有"枫叶之国"的美誉,加拿大人对枫叶怀有深厚的感情,除了国旗中央绘着大大的红枫叶,在日常生活中枫叶图案也随处可见。到加拿大旅游的最佳季节是5—10月,在这段时间可以体会加拿大独特的清凉夏季和枫叶般艳红的秋天。加拿大首都是渥太华,主要城市有渥太华、多伦多、蒙特利尔、温哥华等。

②航空概况

a. 主要航空公司

加拿大航空公司(Air Canada,IATA:AC),简称加航,加航标志如图5-1所示,加航是加拿大的载旗航空公司,同时也是加拿大境内最大的航空公司。加航是星空联盟的创建成员之一,总部设在加拿大魁北克省蒙特利尔市。加拿大航空公司的主要枢纽机场包括多伦多皮尔逊国际机场、蒙特利尔特鲁多国际机场、温哥华国际机场以及卡尔加里国际机场。

图5-1 加航标志

b. 主要机场

a)多伦多:多伦多皮尔逊国际机场(Toronto Pearson International Airport,IATA:YYZ),简称皮尔逊机场,位于加拿大安大略省大多伦多地区,西北距多伦多市中心22.5km,以加拿大第十四任总理莱斯特·皮尔逊的名字命名,为4F级国际机场,也是加拿大国家门户级枢纽机场。

b)渥太华:渥太华麦克唐纳-卡蒂埃国际机场(Ottawa Macdonald-Cartier International Airport,IATA:YOW),是加拿大首都渥太华的国际机场,是该国第六繁忙的机场,也是拥有美国境外入境审查设施的8个加拿大机场之一。

c)温哥华:温哥华国际机场(Vancouver International Airport,IATA:YVR),位于加拿大不列颠哥伦比亚省里士满市海洋岛,东北距温哥华市中心约12km,为4F级国际机场、加拿大门户型航空枢纽。

d)蒙特利尔:蒙特利尔特鲁多机场(Montréal-Pierre Elliott Trudeau International Airport,IATA:YUL),位于加拿大魁北克省蒙特利尔市以西,多佛尔市境内。它是魁北克省最繁忙的机场,机场提供直飞非洲、中美洲、南美洲、加勒比海地区、欧洲、美国、墨西哥和加拿大其他城市的直飞航班。它是加拿大唯一一座拥有直飞非洲航班的机场,同时也拥有北美最大的免税商店。蒙特利尔特鲁多机场同时是加拿大最大的航空公司,也是加拿大航空与加拿大越洋航空公司的总部所在地。

(2)美国

①国家概况

美利坚合众国(The United States of America),简称美国,首都华盛顿。美国位于北美洲中部,领土还包括北美洲西北部的阿拉斯加和太平洋中部的夏威夷群岛,北与加拿大接壤,南靠墨西哥湾,西临太平洋,东濒大西洋,国土面积937万 km^2,仅次于俄罗斯、加拿大和中国,位于世界第四。大部分地区属大陆性气候,南部属亚热带气候,地形总体西高东低,自然资源丰富,矿产资源总探明储量居世界首位。美国共分为50个州和1个特区(哥伦比亚特区),有3143个县。截至2023年2月,美国总人口约3.33亿人,非拉美裔白人占

57.8%,居民大多信奉基督教及天主教,通用英语。

②航空概况

a. 主要航空公司

美国是世界上航空运输最发达的国家,美国航空、达美航空、美国西南航空、美国联合航空是其排名领先的航空公司。

a)美国航空(American Airlines,IATA:AA)作为寰宇一家的创始成员之一,是世界最大的航空公司。美国航空遍布260余个通航城市——包括美国本土150个城市及40个其他国家的城市。

美国航空标志,如图5-2所示。

图5-2 美国航空标志

b)美国达美航空公司(Delta Airlines,IATA:DL)是一家总部位于美国佐治亚州亚特兰大的航空公司(通常简称达美航空,常被译为三角洲航空或德尔塔航空)。达美航空是天合联盟的创始成员航空公司之一。

达美航空标志,如图5-3所示。

图5-3 达美航空标志

c)美国西南航空(Southwest Airlines,IATA:WN)是美国一家总部设在得克萨斯州达拉斯的航空公司,以"廉价航空公司"而闻名,是民航业"廉价航空公司"经营模式的鼻祖。

美国西南航空标志,如图5-4所示。

图5-4 美国西南航空标志

d)美国联合航空(United Airlines,IATA:UA)简称联航,在中国则被简称为美联航,以与中国联合航空(中联航)区别。总部位于美国伊利诺伊州芝加哥市郊,邻近其主要枢纽机场芝加哥奥黑尔国际机场。联合航空也是星空联盟的创始成员之一。

美国联合航空标志,如图5-5所示。

图5-5　美国联合航空标志

b.主要机场

美国有2万多个机场,很多大型机场的旅客吞吐量和货邮周转量排名全球前10。

a)纽约:约翰·菲茨杰拉德·肯尼迪国际机场(John F. Kenney International Airport,IATA:JFK),简称纽约肯尼迪国际机场,不仅是大纽约地区主要的国际机场,也是美国门户级国际航空枢纽。

拉瓜迪亚机场(LaGuardia Airport,IATA:LGA)是美国纽约市的三大机场之一,虽然是纽约都会区的3个主要机场中最小的一个,但因为最接近曼哈顿,故使用率不低。在此机场起降的航班大多是美国国内航线。

纽瓦克自由国际机场(Newark Liberty International Airport,IATA:EWR),位于新泽西州纽瓦克市与伊丽莎白市境内,是4E级国际机场。纽瓦克自由国际机场是美国联合航空、联邦快递航空的枢纽机场,也是达美航空、加拿大航空的基地机场。

b)华盛顿:一般所指的华盛顿都会区机场有3个,但没有一个在华盛顿哥伦比亚特区内。

华盛顿巴尔的摩国际机场(Baltimore Washington International Airport,IATA:BWI),位于马里兰州巴尔的摩近郊,离华盛顿哥伦比亚特区1h车程。是西南航空主要营运点之一。

华盛顿里根国家机场(Ronald Reagan Washington National Airport,IATA:DCA),又称里根国家机场,位于弗吉尼亚州阿灵顿,离华盛顿哥伦比亚特区约11km。以全美航空和达美航空的接驳班机为主。

华盛顿杜勒斯国际机场(Washington Dulles International Airport,IATA:IAD),又称杜勒斯国际机场,位于弗吉尼亚州,离华盛顿哥伦比亚特区约30min车程。是美国联合航空的主要枢纽机场。

c)西雅图:西雅图-塔科马国际机场(Seattle-Tacoma International Airport,IATA代码:SEA),位于美国华盛顿州西塔科市,西塔科机场服务于西雅图都会区,是美国西北部最繁忙的枢纽机场。阿拉斯加航空将西塔科机场作为枢纽机场,达美航空也在积极扩张航线规模。

d)芝加哥:芝加哥市内有3个重要机场:中央国际机场,奥黑尔国际机场,中途机场。

其中城西北的奥黑尔国际机场是美国面积最大、客运最繁忙的机场,年旅客流量达3000万~4000万人次。奥黑尔国际机场(O'Hare International Airport,IATA: ORD)是美国伊利诺伊州芝加哥市的主要机场。自1960年扩建完成直到1998年,奥黑尔机场一直是世界上客流量最大的机场。1998年后,亚特兰大哈兹菲尔德-杰克逊国际机场在客运流量上超过奥黑尔。奥黑尔仍是世界上起降次数最多的机场。奥黑尔机场是美国第四大国际航空枢纽,排在纽约肯尼迪国际机场、洛杉矶国际机场和迈阿密国际机场之后。奥黑尔机场是美国联合航空的最大基地和中转枢纽,也是美国航空的第二大枢纽。

e)洛杉矶:洛杉矶国际机场(Los Angeles International Airport,IATA:LAX),为4F级国际机场、美国门户型国际航空枢纽。2019年,洛杉矶国际机场共完成旅客吞吐量8806.8013万人次,美国排名第2位;货邮吞吐量231.3247万t,美国排名第4位;飞机起降69.1257万架次,美国排名第4位。

f)旧金山:圣弗朗西斯科国际机场(San Francisco International Airport,IATA:SFO),中国常称"旧金山国际机场",为4F级国际机场、大型航空枢纽。圣弗朗西斯科国际机场是阿拉斯加航空和联合航空的枢纽机场,也是美国航空的基地机场。

(3)巴西

①国家概况

巴西联邦共和国(The Federative Republic of Brazil),简称巴西(Brazil),与乌拉圭、阿根廷、巴拉圭、玻利维亚、秘鲁、哥伦比亚、委内瑞拉、圭亚那、苏里南、法属圭亚那十国接壤,国土总面积851.49km²,是南美洲最大的国家,居世界第五,全国共分26个州和1个联邦区,首都巴西利亚。截至2022年底,巴西总人口为2.03亿人,排名拉美第一、世界第七,白种人占53.74%,黑白混血种人占38.45%,黑种人占6.21%,黄种人和印第安人等占1.6%。官方语言为葡萄牙语。约50%的居民信奉天主教,31%的居民信奉基督教福音教派。

巴西大西洋沿岸人口稠密,内陆地区较为稀少。东南地区是巴西人口最多的地区,占巴西人口总数的42%。该地区拥有巴西三个人口最多的州(圣保罗,米纳斯吉拉斯和里约热内卢)和两个最大的城市(里约热内卢和圣保罗)。在圣保罗和里约的交界地带形成了以圣保罗、里约为支柱的商业地带,该地区聚集了约23%的巴西人口,成为该国人口密度最大的地区。

由于举国上下对足球的喜爱及其男女国家队在世界大赛中取得的成绩,巴西有"足球王国"之美誉。

②航空概况

a.主要航空公司

巴西是第三世界国家中航空业发展水平较高的国家,航空运输在经济发展中占有重要地位。巴西的航空制造业十分发达,巴西航空工业公司是世界第四大民用飞机、第二大支线飞机制造商。公司强项产品为支线飞机,此外,还生产军用飞机和公务飞机。巴西主要航司有两家。

巴西戈尔航空公司(GOL Airlines,IATA:G3),是一家巴西的廉价航空公司,成立于2000年,2001年1月15日开始运营,总部设在圣保罗。主要运营58个目的地的国内国际定期航班。

巴西戈尔航空公司标志,如图5-6所示。

巴西阿苏尔航空公司(Azul Brazilian Airlines,IATA:AD),也称巴西蔚蓝航空公司,是巴西的一家低成本廉价航空公司,运营巴西到中国的航班。

巴西蔚蓝航空公司标志,如图5-7所示。

图5-6　巴西戈尔航空公司标志　　　　图5-7　巴西蔚蓝航空公司标志

b.主要机场

a)巴西利亚：巴西利亚国际机场（Brasilia International Airport，IATA：BSB），是位于巴西首都巴西利亚市的一个军民合用的国际机场。2008年机场的客运量为10443393人次，航班量为141477次，以客运量和航班量分别位列巴西第四和第三繁忙机场。巴西利亚国际机场主要为来自南美洲的各主要航空公司运营的定期航线服务。

b)圣保罗：圣保罗国际机场（Sao Paulo International Airport，IATA：GRU），位于巴西联邦共和国圣保罗州瓜鲁柳斯市，西南距圣保罗市中心约21km，为4F级军民合用国际机场、巴西门户型枢纽、南美洲最大机场。

c)里约热内卢：里约热内卢/加利昂安东尼奥·卡洛斯·若比姆国际机场（Rio de Janeiro International Airport，IATA：GIG），是巴西旧都、第二大城市里约热内卢的主要国际机场，以在该城出生的著名音乐家安东尼奥·卡洛斯·若比姆命名。

（4）阿根廷

①国家概况

阿根廷共和国（Republic of Argentina），简称阿根廷，位于南美洲东南部，东临大西洋，南与南极洲隔海相望，西邻智利，北与玻利维亚、巴拉圭交界，东北与乌拉圭、巴西接壤，国土面积278.04万 km^2，是由23个省和联邦首都（布宜诺斯艾利斯）组成的总统制联邦共和制国家。2022年，阿根廷总人口4604万人。白人和印欧混血种人占95%，白人多属意大利和西班牙后裔。印第安人口95.5万人，其中人口最多的少数民族为马普切人（Mapuche）。官方语言为西班牙语。73.9%的居民信奉天主教，6.6%的居民信奉新教。

②航空概况

a.主要航空公司

阿根廷航空公司（Aerolineas Argentinas，IATA：AR）是阿根廷最大的航空公司。它占有阿根廷大约83%的国内航班及52%的国际航班。总部设置在布宜诺斯艾利斯。阿根廷航空公司是拉丁美洲唯一飞往大洋洲的航空公司。

阿根廷航空标志，如图5-8所示。

图5-8　阿根廷航空标志

b.主要机场

首都布宜诺斯艾利斯有两个机场，一个是位于北部的乔治·纽伯里机场（Jorge Newbery，

IATA：AEP)，是阿根廷总统专机指定的机场，只允许来自阿根廷和乌拉圭公司的航班。一个位于西南方向32km处的斯埃塞萨国际机场(Ministro Pistarini International Airport，IATA：EZE)，以国际航班为主。

(5)智利

①国家概况

智利共和国(Republic of Chile)，简称智利，位于南美洲西南部，安第斯山脉西麓。东同阿根廷为邻，北与秘鲁、玻利维亚接壤，西临太平洋，南与南极洲隔海相望，是世界上最狭长的国家，国土面积756715km²，智利共分为16个大区，下设54个省和346个市，首都圣地亚哥。智利全国总人口1996万人，其中城市人口占86.9%。白人和印欧混血种人约占89%，印第安人约占11%。官方语言为西班牙语。在印第安人聚居区使用马普切语。15岁以上人口中信仰天主教的占67%，信仰福音教的占15%。

圣地亚哥(Santiago)，是智利共和国的首都和最大城市，人口为668.36万人，南美洲第五大城市。

②航空概况

a.主要航空公司

南美航空公司(LATAM Airways，IATA:LA)，提供往来于拉丁美洲、美国、加勒比海地区、欧洲以及大洋洲的航线。前身是智利航空。2010年8月13日，智利航空和巴西天马航空(TAM Airlines)签订非绑定协议，成立LATAM航空集团，成为拉丁美洲最大的航空集团。

南美航空标志，如图5-9所示。

图5-9　南美航空标志

b.主要机场

阿图罗梅里诺-贝尼特斯机场(Arturo Merino Benitez International Airport，IATA：SCL)位于智利首都圣地亚哥，是该国最大的航空设施。

IATA一区主要城市和三字代码，见表5-1。

表5-1　IATA一区主要城市和三字代码表

IATA一区	主要国家	城市英文名称	城市中文名称	三字代码
North Atlantic Area 北大西洋次区	Greenland(丹麦) 格陵兰岛(丹麦)	Nuuk	努克	GOH
	Canada　加拿大	Ottawa	渥太华	YOW
		Montreal	蒙特利尔	YMQ

续上表

IATA 一区	主要国家	城市英文名称	城市中文名称	三字代码
North Atlantic Area 北大西洋次区	Canada 加拿大	Toronto	多伦多	YTO
		Vancouve	温哥华	YVR
	USA 美国	Atlanta	亚特兰大	ATL
		Boston	波士顿	BOS
		Chicago	芝加哥	CHI
		Dallas	达拉斯	DFW
		Detroit	底特律	DTT
		Los Angeles	洛杉矶	LAX
		Miami	迈阿密	MIA
		New York	纽约	NYC
		San Francisco	旧金山	SFO
		Washington D.C	华盛顿特区	WAS
		Honolulu	火奴鲁鲁	HNL
		Seattle	西雅图	SEA
Mid Atlantic Area 中大西洋次区	Mexico 墨西哥	Mexico city	墨西哥城	MEX
	Cuba 古巴	Havana	哈瓦那	HAV
	Jamaica 牙买加	Kingston	金斯顿	KIN
	Panama 巴拿马	Panama city	巴拿马城	PTY
	Venezuela 委内瑞拉	Caracas	加拉加斯	CCS
	Peru 秘鲁	Lima	利马	LIM
South Atlantic Area 南大西洋次区	Argentina 阿根廷	Buenos Aires	布宜诺斯艾利斯	BUE
	Brazil 巴西	Brasillia	巴西利亚	BSB
		Rio De Janeiro	里约热内卢	RIO
		Sao Paulo	圣保罗	SAO
	Chile 智利	Santiago	圣地亚哥	SCL
	Paraguay 巴拉圭	Asuncion	亚松森	ASU
	Uruguay 乌拉圭	Montevideo	蒙得维的亚	MVD

(二)IATA二区

IATA二区指欧洲、非洲及其周边岛屿,阿森松岛,乌拉尔山以西亚洲部分,包括伊朗和中东。

1.IATA二区的次区划分

二区划分为三个次区:

(1) 欧洲次区(Europe Sub-area)

欧洲次区包括：阿尔巴尼亚、阿尔及利亚、安道尔、亚美尼亚、奥地利、阿塞拜疆、白俄罗斯、比利时、保加利亚、克罗地亚、塞浦路斯、捷克共和国、丹麦、爱沙尼亚、芬兰、法国、格鲁吉亚、德国、直布罗陀、希腊、匈牙利、冰岛、爱尔兰、意大利、拉脱维亚、列支敦士登、立陶宛、卢森堡、马其顿、马耳他、摩尔多瓦、摩纳哥、摩洛哥、荷兰、挪威、波兰、葡萄牙、罗马尼亚、俄罗斯联邦(乌拉尔山以西)、圣马力诺、斯洛伐克共和国、斯洛文尼亚、西班牙、瑞典、瑞士、突尼斯、土耳其、乌克兰、英国、波斯尼亚和黑塞哥维那、北马其顿、塞尔维亚、黑山。❶

(2) 中东次区(Middle East)

中东次区包括：巴林、埃及、伊朗、伊拉克、以色列、约旦、科威特、黎巴嫩、阿曼、巴勒斯坦、卡塔尔、沙特阿拉伯、南苏丹、苏丹、叙利亚、阿拉伯联合酋长国、也门。

(3) 非洲次区(Africa)

非洲次区包括中非、东非、印度洋群岛、利比亚、南非和西非。

①中非包括：马拉维、赞比亚、津巴布韦。

②东非包括：布隆迪、吉布提、厄立特里亚、埃塞俄比亚、肯尼亚、卢旺达、索马里、坦桑尼亚和乌干达。

③印度洋群岛包括：科摩罗、马达加斯加、毛里求斯、马约特、留尼汪岛和塞舌尔群岛。

④利比亚：利比亚属于非洲次区，但不属于上述任何小区。

⑤南非包括：博茨瓦纳、莱索托、莫桑比克、南非、纳米比亚、斯威士兰。

⑥西非包括：安哥拉、贝宁、布基纳法索、喀麦隆、佛得角、中非共和国、乍得、刚果人民共和国、科特迪瓦、刚果、赤道几内亚、加蓬、冈比亚、加纳、几内亚、几内亚比绍、利比里亚、马里、毛里坦尼亚、尼日尔、尼日利亚、圣多美和普林西比、塞内加尔、塞拉利昂、多哥。

2. 二区主要国家

(1) 英国

①国家概况

大不列颠及北爱尔兰联合王国(The United Kingdom of Great Britain and Northern Ireland)，简称英国。英国本土位于欧洲大陆西北面的不列颠群岛，被北海、英吉利海峡、凯尔特海、爱尔兰海和大西洋包围。国土面积24.41万 km²(包括内陆水域)。英国分为英格兰、威尔士、苏格兰和北爱尔兰四部分，首都为伦敦。英格兰地区13.04万 km²，苏格兰7.88万 km²，威尔士2.08万 km²，北爱尔兰1.41万 km²。2021年，英国人口为6702.6万人。

英国是一个高度发达的资本主义国家，欧洲四大经济体之一，其国民拥有极高的生活水平和良好的社会保障体系。2021年国内生产总值2.2万亿英镑，同比增长7.4%。人均国内生产总值32555英镑。

②航空概况

a. 主要航空公司

英国共有50多家航空公司，其中英国航空公司(British Airways, IATA:BA)是英国历史最

---

❶ IATA定义的欧洲次区的范围除包括地理上的欧洲外，还包含突尼斯、阿尔及利亚、摩洛哥、加那利群岛、马德拉群岛(上述国家或地区在地理上属于非洲)以及塞浦路斯和土耳其的亚洲部分。

悠久的航空公司,也是全球最大的客运航空公司之一,全球七大货运航空公司之一,拥有300多架飞机,其航线覆盖90多个国家和地区约220座城市。总部设在英国伦敦希思罗机场。英航是"寰宇一家"航空联盟的创始成员之一。

英国航空标志,如图5-10所示。

维珍航空是英国维珍大西洋航空公司(Virgin Atlantic Airways,IATA:VS)的简称,维珍航空于1984年成立,提供来往英国的洲际长途航空服务。维珍航空是维珍集团的附属公司之一,维珍集团拥有其51%股权,达美航空则拥有49%股权。

维珍航空标志,如图5-11所示。

图5-10　英国航空标志　　　　图5-11　维珍航空标志

b.主要机场

希斯罗机场(Heathrow Airport,IATA:LHR),位于大不列颠及北爱尔兰联合王国英格兰大伦敦希灵登区南部,东距伦敦市中心23km,为4F级国际机场、门户型国际航空枢纽、欧洲最繁忙的机场,客货运输量常年位居英国第一。

盖特威克机场(Gatwick Airport;IATA:LGW),位于大不列颠及北爱尔兰联合王国西苏塞克斯郡克劳利区北郊,南距克劳利区中心约5km,为4F级国际机场、门户型国际航空枢纽,客货运输量位居英国第二。

伦敦周边还有斯坦斯特德机场、卢顿机场、伦敦城市机场等。

(2)法国

①国家概况

法兰西共和国(The Republic of France),简称法国,首都巴黎,位于欧洲西部,北邻比利时、卢森堡、德国、瑞士、东接意大利、摩纳哥,南连西班牙、安道尔,西北隔英吉利海峡与英国相望。海洋性、大陆性、地中海型和山地气候并存。地势东南高西北低。总面积55万 km^2(不含海外领地),海岸线2700km,陆地线2800km,本土划为13个大区、94个省。截至2023年1月,法国人口为6804万人,主要为法兰西民族,大多信奉天主教,官方语言为法语。

②航空概况

a.主要航空公司

法国航空公司(Air France,IATA:AF),简称法航,是法国国营航空公司,该公司成立于1933年,在2004年5月收购荷兰皇家航空公司,并因此组成了法国航空-荷兰皇家航空集团

(Air France-KLM)，总部设于巴黎戴高乐国际机场，法国航空-荷兰皇家航空集团，是世界上最大的航空公司之一，法国航空公司是天合联盟的创始成员之一。

法国航空标志，如图5-12所示。

图5-12　法国航空标志

b.主要机场

巴黎是全球最繁忙的交通枢纽之一，巴黎主要有两个国际机场，分别是位于巴黎东北方的夏尔·戴高乐国际机场以及南方的奥利机场，奥利机场的规模较小，主要负责接待国内航班和部分欧洲航班。

巴黎夏尔·戴高乐机场（Paris Charles de Gaulle Airport，IATA：CDG），简称戴高乐机场，以法兰西第五共和国第一任总统夏尔·安德烈·约瑟夫·马里·戴高乐的名字命名，是4F级国际机场、大型国际枢纽机场，是法国最大的国际机场，欧洲最主要的航空枢纽之一。客货运输量常年位居法国第一。

(3)德国

①国家概况

德意志联邦共和国（The Federal Republic of Germany），简称德国，是位于中欧的联邦议会共和制国家，德国地势北低南高，可分为四个地形区：北德平原，平均海拔不到100m；中德山地，由东西走向的高地块构成；西南部莱茵断裂谷地区，两旁是山地，谷壁陡峭；南部的巴伐利亚高原和阿尔卑斯山区，其间拜恩阿尔卑斯山脉的主峰祖格峰海拔2963m，为全国最高峰。

德国是欧洲最大经济体，被誉为"欧洲经济火车头"。2021年德国国内生产总值4.26万亿美元，人均国内生产总值5.12万美元。以汽车和精密机床为代表的高端制造业，是德国的重要象征。截至2022年，德国总人口8322万人，是欧盟人口最多的国家，人口密度为226人/km²，是欧洲人口最稠密的国家之一。主体民族是德意志人，有少数丹麦人和索布人。通用德语。

②航空概况

a.主要航空公司

德国汉莎航空股份公司（Lufthansa Airlines，IATA：LH），简称汉莎航空，是德国的国家航空公司。按照载客量和机队规模计算，为欧洲最大的航空公司；按照乘客载运量计算，为世界第四大航空公司。

德国汉莎航空的客运和货运服务的经营中心位于法兰克福。德国汉莎航空股份公司母公司是德国汉莎航空集团，瑞士国际航空公司（Swiss International AirLines）也隶属德国汉莎航空集团。汉莎航空的飞行网络遍布全球450多个航空目的港，除航空运输外，汉莎航空还向客户提供一系列的整体服务方案。汉莎航空标志，如图5-13所示。

图5-13　汉莎航空标志

b.主要机场

a)柏林:柏林主要商用机场为柏林勃兰登堡机场。

柏林勃兰登堡机场(Berlin Brandenburg Airport Willy Brandt,IATA:BER),又名维利·勃兰特机场,位于德意志联邦共和国勃兰登堡州舍讷费尔德,北距柏林市中心18km,以前联邦德国总理维利·勃兰特的名字命名,是4F级国际机场、大型枢纽机场。柏林勃兰登堡机场是汉莎航空、易捷航空的枢纽机场。

b)法兰克福:法兰克福拥有德国最大的航空枢纽。

法兰克福机场(Frankfurt Airport,IATA:FRA),也称法兰克福·美茵机场,位于德国黑森州莱茵河畔法兰克福市,距市中心12km,是4F级大型国际枢纽机场,也是星空联盟的总部所在地。法兰克福国际机场是全球最重要的国际机场和航空运输枢纽之一,也是仅次于伦敦希思罗国际机场和巴黎夏尔·戴高乐国际机场的欧洲第三大机场。

c)慕尼黑:慕尼黑机场(Munich Airport,IATA:MUC),位于德意志联邦共和国巴伐利亚州弗赖辛与埃尔丁交界处,西南距慕尼黑市中心约28km,为4F级国际机场、国际航空枢纽。2022年,慕尼黑机场共完成旅客吞吐量3164.2738万人次(历史最高4794.1348万人次),德国排名第2位;货邮吞吐量27.4788万t(历史最高38.8517万t),德国排名第4位;飞机起降28.5028万架次(历史最高43.2296万架次),德国排名第2位。

(4)意大利

①国家概况

意大利共和国(The Republic of Italy),简称意大利,首都罗马,位于欧洲南部,包括亚平宁半岛及西西里、撒丁等岛屿。北与法国、瑞士、奥地利、斯洛文尼亚接壤,东、南、西三面分别临地中海的属海亚得里亚海、爱奥尼亚海和第勒尼安海。总面积301333km²。大部分地区属亚热带地中海式气候。全国划分为20个行政区,101个省,以及5个特别自治行政区。截至2022年7月,总人口为5885万人,主要是意大利人,讲意大利语,大部居民信奉天主教。

意大利是发达工业国家,是欧洲第四大、世界第八大经济体。机械设备、汽车制造、生物医药、航天航空等居于世界领先地位,中小企业发达,被誉为"中小企业王国",旅游资源和历史文化遗产丰富。首都罗马是世界历史文化名城、古罗马帝国的发祥地,被誉为全球最大的露天历史博物馆,名胜古迹众多,如斗兽场、万神庙、古罗马市场废墟等。

②航空概况

a.主要航空公司

意大利航空(Alitalia,IATA:AZ)成立于1946年,总部设在罗马。意大利航空公司母公司是意大利航空集团。意大利航空公司是意大利国内最大的航空公司,是意大利的国家航空公司,意大利政府是它的最大股东。2001年意大利航空成为天合联盟的成员。意大利航空标志,如图5-14所示。

图5-14　意大利航空标志

b.主要机场

a)罗马:罗马菲乌米奇诺列奥纳多·达·芬奇机场(Rome Fiumicino Leonardo da Vinci Airport,IATA:FCO),是一座位于意大利拉齐奥大区菲乌米奇诺的民用机场,4F级国际机场、国际航空枢纽,是意大利最大的机场,也是意大利最繁忙的机场。通航全球210多个城市,年旅客吞吐量超过4000万人次,位居意大利第一,也是欧洲十大最繁忙的机场之一。

b)米兰:米兰拥有四个机场,其中有三个大型国际机场,马尔彭萨机场是欧洲最主要的大机场之一,另外两个国际机场为利纳特国际机场和贝加莫国际机场。

米兰马尔彭萨机场(Milan Malpensa Airport,IATA:MXP),是4F级国际机场、大型国际枢纽机场。2019年,米兰马尔彭萨机场旅客吞吐量在意大利排名第2位;货邮吞吐量在意大利排名第1位;飞机起降架次在意大利排名第2位。

(5)西班牙

①国家概况

西班牙王国(The Kingdom of Spain),简称西班牙,位于欧洲西南部的伊比利亚半岛。以西班牙语作为官方语言的国家数量世界第二,仅次于英语。西班牙全国划分为17个自治区、50个省、8100多个市镇,在摩洛哥境内另有休达和梅利利亚两块飞地,首都为马德里。截至2023年4月,西班牙人口4820万人,96%的居民信奉天主教。西班牙民风奔放热情,当地人喜爱斗牛,并且热衷跳弗拉明戈舞。同时也是吉他之乡,近代古典吉他就发源并兴盛自西班牙。

②航空概况

a.主要航空公司

西班牙国家航空公司(Airlines of Spain,IATA:IB)亦称为伊比利亚航空公司,是西班牙最大的航空公司,成立于1927年,总部设于西班牙马德里。西班牙国家航空是寰宇一家航空联盟的创始成员之一。西班牙国家航空公司以马德里巴拉哈斯国际机场和巴塞罗那那普拉特国际机场为主要基地。西班牙航空标志,如图5-15所示。

图5-15　西班牙航空标志

b.主要机场

a)马德里:阿道弗·苏亚雷斯马德里巴拉哈斯机场(Adolfo Suarez Madrid-Barajas International Airport，IATA：MAD)是西班牙首都马德里的主要国际机场,是拉丁美洲的旅客作为前往欧洲各国的转乘点,也是伊比利亚半岛和南欧最大的机场。马德里机场是欧洲第四大机场(仅次伦敦希思罗机场、巴黎戴高乐机场、法兰克福国际机场、荷兰阿姆斯特丹机场)。

b)巴塞罗那:巴塞罗那普拉特机场(Barcelona Airport,IATA:BCN)为西班牙第二大机场,到欧洲各地的航班都非常方便。北京、上海均有直达巴塞罗那的航班。

(6)俄罗斯

①国家概况

俄罗斯联邦(The Russian Federation),由85个平等的联邦主体组成,简称俄罗斯,首都莫斯科。国土横跨欧亚大陆,总面积1709.82万 km^2,与14个国家接壤,是世界上国土最辽阔的国家。俄罗斯地形以平原和高原为主。地势南高北低,西低东高。西部几乎全属于东欧平原,向东为乌拉尔山脉、西西伯利亚平原、中西伯利亚高原、北西伯利亚低地和东西伯利亚山地、太平洋沿岸山地等,西南耸立着大高加索山脉。截至2023年4月,俄罗斯总人口约为1.46亿人。共有194个民族,以俄罗斯族为主。大多信奉东正教,官方语言为俄语。

②航空概况

a.主要航空公司

俄罗斯航空公司(Aeroflot-Russian Airlines,IATA代码:SU),简称俄航,是俄罗斯最大的航空公司。俄罗斯航空标志,如图5-16所示。总部位于首都莫斯科,基地设于谢列梅捷沃亚历山大·普希金国际机场。

图5-16　俄罗斯航空标志

b.主要机场

a)莫斯科:莫斯科主要有三大国际机场,多莫杰多沃米哈伊尔·罗蒙诺索夫国际机场,伏努科沃安德烈·图波列夫国际机场和谢列梅捷沃亚历山大·普希金国际机场。

谢列梅捷沃亚历山大·普希金国际机场(Sheremetyevo Alexander Pushkin International Airport,IATA:SVO),位于俄罗斯莫斯科直辖市北部飞地,东南距莫斯科市中心27km,为4F级国际机场、门户型国际航空枢纽。谢列梅捷沃亚历山大·普希金国际机场旅客吞吐量、货邮吞吐量都排名俄罗斯第1位。

b)圣彼得堡:普尔科沃国际机场(Pulkovo International Airport,IATA:LED)位于俄罗斯圣彼得堡,距离圣彼得堡16km,为4F国际机场,大型国际航空枢纽,为俄罗斯第四大机场。

(7)沙特阿拉伯

①国家概况

沙特阿拉伯王国(Kingdom of Saudi Arabia),通称沙特阿拉伯,简称沙特。位于亚洲西南部的阿拉伯半岛,首都利雅得,国土面积225万 km^2,截至2023年6月,沙特人口3218万人,其中沙特公民约占58.4%。伊斯兰教为沙特阿拉伯国教。

沙特是名副其实的"石油王国",沙特已探明石油储量为2976亿桶,约占世界储量的

17%，居世界第二位；天然气储量9.4万亿 m³，占世界储量的4.6%，居世界第六位。沙特是全球最大的石油出口国，也是石油输出国组织的主要成员国。石油产业的收入占全国总收入的大约75%，GDP的40%，以及出口收入的90%。

②航空概况

a. 主要航空公司

沙特阿拉伯航空公司（Saudi Arabian Airlines，IATA：SV）是沙特阿拉伯的国营航空公司，总部设于吉达。沙特阿拉伯航空公司是天合联盟的成员之一。沙特阿拉伯航空标志，如图5-17所示。

图5-17 沙特阿拉伯航空标志

b. 主要机场

首都利雅得的哈立德国王国际机场（King Khalid International Airport，IATA：RUH），第二大城市吉达的阿卜杜勒-阿齐兹国王国际机场（Jeddah King Abdulaziz International Airport，IATA：JED），第三大城市达曼的法赫德国王国际机场（Dammam King Fahd International Airport，IATA：DMM）是沙特主要民用国际机场。

（8）阿联酋

①国家概况

阿拉伯联合酋长国（The United Arab Emirates），简称阿联酋，首都阿布扎比。阿联酋由7个酋长国组成，按政治影响、经济实力、人口比例排列依次为：阿布扎比、迪拜、沙迦、哈伊马角、阿治曼、富查伊拉、乌姆盖万。截至2023年6月，阿联酋总人口为1017万人，外籍人占88%，居民大多信奉伊斯兰教，多数属逊尼派。阿拉伯语为官方语言，通用英语。

②航空概况

a. 主要航空公司

阿联酋航空公司（Emirates Airlines，IATA：EK），又称阿拉伯联合酋长国航空公司，总部设于迪拜，以迪拜国际机场为基地。阿联酋航空是全球发展最快的航空公司之一，是世界为数不多的清一色大型飞机的航空公司。阿联酋航空属于阿联酋航空集团，作为发展迅猛的国际航空公司，拥有全世界最年轻的机队，并屡获殊荣，所获世界级奖项超过300项。

阿联酋航空标志，如图5-18所示。

图5-18 阿联酋航空标志

b. 主要机场

迪拜国际机场（Dubai International Airport，IATA：DXB），位于阿拉伯联合酋长国迪拜，西南距迪拜市中心约10km，是

4F级国际机场、大型国际枢纽机场。迪拜国际机场旅客吞吐量、货邮吞吐量等常年居阿联酋国内排名第1位。

IATA二区主要城市和三字代码,见表5-2。

IATA二区主要城市和三字代码表 表5-2

IATA二区	主要国家	城市英文名称	城市中文名称	三字代码
Europe 欧洲次区	Austria 奥地利	Vienna	维也纳	VIE
	Belgium 比利时	Brussels	布鲁塞尔	BRU
	Bulgaria 保加利亚	Sofia	索菲亚	SOF
	Czech 捷克	Prague	布拉格	PRG
	Denmark 丹麦	Copenhagen	哥本哈根	CPH
	Finland 芬兰	Helsinki	赫尔辛基	HEL
	France 法国	Paris	巴黎	PAR
		Marseille	马赛	MRS
	Germany 德国	Berlin	柏林	BER
		Frankfurt	法兰克福	FRA
	Greece 希腊	Athens	雅典	ATH
	Hungary 匈牙利	Budapest	布达佩斯	BUD
	Ireland 爱尔兰	Dublin	都柏林	DUB
	Italy 意大利	Rome	罗马	ROM
		Milan	米兰	MIL
	Netherlands 荷兰	Amsterdam	阿姆斯特丹	AMS
	Norway 挪威	Oslo	奥斯陆	OSL
	Poland 波兰	Warsaw	华沙	WAW
	Portugal 葡萄牙	Lisbon	里斯本	LIS
	Romania 罗马尼亚	Bucharest	布加勒斯特	BUH
	Russian 俄罗斯	Moscow	莫斯科	MOW
		St.Peterburg	圣彼得堡	LED
	Ukraine 乌克兰	Kiev	基辅	IEV
	Spain 西班牙	Madrid	马德里	MAD
		Barcelona	巴塞罗那	BCN
	Sweden 瑞典	Stockholm	斯德哥尔摩	STO
	Switzerland 瑞士	Berne	伯尔尼	BRN
		Zurich	苏黎世	ZRH
		Geneva	日内瓦	GVA
	Turkey 土耳其	Istanbul	伊斯坦布尔	IST

续上表

IATA 二区	主要国家	城市英文名称	城市中文名称	三字代码
Europe 欧洲次区	Turkey 土耳其	Ankara	安卡拉	ANK
	UK 英国	London	伦敦	LON
	Algeria 阿尔及利亚	Algier	阿尔及尔	ALG
	Morocco 摩洛哥	Dar el Beida（Casablanca）	达尔贝达（卡萨布兰卡）	CAS
	Tunisia 突尼斯	Tunis	突尼斯市	TUN
Middle East 中东次区	Iran 伊朗	Tehran	德黑兰	THR
	Iraq 伊拉克	Baghdad	巴格达	BGW
	Israel 以色列	Tel Aviv	特拉维夫	TLV
	Jordan 约旦	Amman	安曼	AMM
	Lebanon 黎巴嫩	Beirut	贝鲁特	BEY
	Qatar 卡特尔	Doha	多哈	DOH
	Saudi Arabia 沙特阿拉伯	Riyadh	利雅得	RUH
		Jeddah	吉达	JED
	Syria 叙利亚	Damascus	大马士革	DAM
	United Arab Emirates 阿联酋	Abu Dhabi	阿布扎比	AUH
		Dubai	迪拜	DXB
	Egypt 埃及	Cairo	开罗	CAI
Africa 非洲次区	Ethiopia 埃塞俄比亚	Addis Ababa	亚的斯亚贝巴	ADD
	Kenya 肯尼亚	Nairobi	内罗毕	NBO
	South Africa 南非	Cape Town	开普敦	CPT
		Johannesburg	约翰内斯堡	JNB
	Zimbabwe 津巴布韦	Harare	哈拉雷	HRE

(三)IATA三区

IATA三区指伊朗以东的亚洲部分及其邻近的岛屿,东印度群岛,澳大利亚,新西兰及其邻近的岛屿,太平洋岛屿中除去属于一区的部分。

1.IATA三区的次区划分

三区划分为4个次区。

(1)南亚次大陆次区(South Asian Sub-continent,SASC)

南亚次大陆次区包括:阿富汗、孟加拉国、不丹、印度(包括安达曼群岛)、马尔代夫、尼泊尔、巴基斯坦、斯里兰卡。

(2)东南亚次区(South East Asia,SEA)

东南亚次区包括:文莱、柬埔寨、中国、圣诞岛、关岛、印度尼西亚、哈萨克斯坦、吉尔吉斯斯坦、老挝、马来西亚、马绍尔群岛、密克罗尼西亚、蒙古国、缅甸、北马里亚纳群岛(包括除关岛外的马里亚纳群岛)、帕劳、菲律宾、俄罗斯联邦(乌拉尔山以东)、新加坡、塔吉克斯坦、泰国、土库曼斯坦、乌兹别克斯坦、越南。

(3)西南太平洋次区(South West Pacific,SWP)

西南太平洋次区包括:美属萨摩亚、澳大利亚、库克群岛、斐济群岛、法属波利尼西亚、基里巴斯、瑙鲁、新喀里多尼亚、新西兰、纽埃岛、巴布亚新几内亚、萨摩亚、所罗门群岛、汤加、图瓦卢、瓦努阿图、瓦利斯和富图纳群岛及其中间岛屿。

(4)日本/朝鲜次区

日本/朝鲜次区包括日本、韩国、朝鲜三个国家。

2.三区主要国家

(1)日本

①国家概况

日本国(Japan),简称日本,首都东京,位于太平洋西岸,是一个由东北向西南延伸的弧形岛国,包括北海道、本州、四国、九州四个大岛和其他6800多个小岛屿,总面积37.8万 km^2,由1都、1道、2府和43县(省)组成。截至2023年4月,日本人口约1亿2455万人,主要民族为大和族,北海道地区约有1.6万阿伊努族人。通用日语。主要宗教为神道教和佛教。

②航空概况

a.主要航空公司

日本航空公司(Japan Airlines,IATA:JL),是日本的国家航空公司,日本航空标志,如图5-19所示。同时为寰宇一家成员之一。日航原为日本规模最大的航空公司,在2010年1月申请破产保护后被全日空超越,但仍拥有日本各航空业者中最多的国际线航点及搭乘人次。

全日空航空公司(All Nippon Airways,IATA:NH),简称全日空。全日空是亚洲最大的航空公司之一。全日空是星空联盟航空联盟成员之一。全日空航空公司标志,如图5-20所示。

图5-19 日本航空标志

图5-20 全日空航空公司标志

b.主要机场

a)东京:东京有两大民用国际机场。

东京国际机场,又称羽田机场(Haneda Airport,IATA:HND),位于东京都大田县,为4F级机场,是日本最大机场。

成田国际机场(Narita Airport,IATA:NRT),位于千叶县成田市,西距东京都中心63.5km,为4F级国际机场、国际航空枢纽、日本国家中心机场。

b)大阪:关西国际机场(Kansai International Airport,IATA:KIX),也称关空国际机场,中国常称大阪关西机场。关西国际机场是世界第一座完全填海造陆的人工岛机场,是日本西部门户机场。

(2)韩国

①国家概况

大韩民国(Republic of Korea),简称"韩国",首都为首尔,位于东亚朝鲜半岛南部,三面环海,总面积约10.329万 km²(占朝鲜半岛面积的45%),通用韩语。截至2022年12月31日,韩国户籍登记人口约5144万人。2022年人均国民总收入3.26万美元。韩国为单一民族国家,属黄色人种东亚类型,占全国总人口的96.25%。韩国50%左右的人口信奉基督教、佛教等宗教。

②航空概况

a.主要航空公司

大韩航空(Korean Air Lines ,IATA:KE)成立于1969年,前身是1946年成立的韩国国家航空。大韩航空是韩国最大的航空公司,同时也是亚洲最具规模的航空公司之一,属于天合联盟和韩进集团的成员。大韩航空标志,如图5-21所示。

图5-21　大韩航空标志

韩亚航空(Asiana Airlines,IATA:OZ),成立于1988年,是以韩国首尔为基地的韩国第二大航空公司,韩亚航空是星空联盟的一员。目前,大韩航空收购韩亚航空的计划正在进行。

韩亚航空标志,如图5-22所示。

图5-22　韩亚航空标志

b.主要机场

仁川国际机场(Incheon International Airport,IATA:ICN),位于大韩民国仁川广域市中区永宗岛,东距仁川广域市中心23.5km,东北距首尔特别市中心49km,为4F级国际机场、大型国际枢纽机场。仁川国际机场旅客吞吐量、货邮吞吐量等常年居韩国排名第1位。

金浦国际机场(Gimpo International Airport;IATA:GMP),位于大韩民国首尔特别市江西区和仁川广域市交界处,西南距仁川广域市中心14.5km,东距首尔特别市中心15.5km,为4E级国际机场。

(3)印度

①国家概况

印度共和国(The Republic of India,India),简称印度,位于南亚,首都为新德里。印度是世界第二大软件大国、世界第一大外包服务接包国、南亚次大陆最大国家。截至2023年4月,印度人口14.1亿人。印度有100多个民族,其中印度斯坦族约占总人口的46.3%,其他较大的民族包括马拉提族、孟加拉族、比哈尔族、泰卢固族、泰米尔族等。多数人信奉印度教,部分人信奉伊斯兰教、佛教、基督教和耆那教等。

②航空概况

a.主要航空公司

印度国际及国内航班班次频繁,是当今世界上发展速度最快的民航市场之一。

印度航空公司(Air India,IATA:AI)是印度的国家航空公司,也是印度规模最大的航空公司。印度航空是星空联盟的成员。印度航空标志,如图5-23所示。

图5-23 印度航空标志

b.主要机场

a)新德里:英迪拉·甘地国际机场(Indira Gandhi International Airport,IATA:DEL),以时任印度总理英迪拉·甘地的名字命名。英迪拉·甘地国际机场是印度主要的航空港,主要服务于首都新德里,也是南亚地区客运排名第一、货运仅次于孟买机场的空港。

b)孟买:孟买贾特拉帕蒂·希瓦吉国际机场(Mumbai Chhatrapati Shivaji International Airport,IATA:BOM),是位于印度孟买大都会区的一个主要的国际机场,它以17世纪马拉地皇帝贾特拉帕蒂·希瓦吉的名字命名。在客运量方面,该机场是印度第二最繁忙的机场,仅次于新德里国际机场;但在货运量上,该机场一直是印度最繁忙的机场。

(4)新加坡

a.国家概况

新加坡共和国(Republic of Singapore),简称新加坡,别称狮城,首都为新加坡市。新加坡位于马来半岛南端、马六甲海峡出入口,由新加坡岛及附近63个小岛组成,其中新加坡岛占全国面积的88.5%。截至2022年,新加坡总人口约564万人,公民和永久居民407万人,华人占74%左右。主要民族为华族、马来族、印度族。

b.航空概况

新加坡航空有限公司(Singapore Airlines,IATA:SQ),是新加坡的国家航空公司,新以樟宜机场为基地经营国际航线。新加坡航空是星空联盟的成员,一直被誉为最舒适和最安全的航空公司之一。

新加坡航空标志,如图5-24所示。

图5-24　新加坡航空标志

(5)泰国

①国家概况

泰王国(The Kingdom of Thailand),简称泰国,首都曼谷。泰国属热带季风气候,地势北高南低。泰国总人口约为6790万人,全国共有30多个民族,泰族为主要民族,其余为老挝族、华族、马来族等。90%以上的民众信仰佛教,泰语为国语。泰国旅游业保持稳定发展势头,是外汇收入重要来源之一。主要旅游点有曼谷、普吉、清迈、芭提雅、苏梅岛等。

②航空概况

a.主要航空公司

泰国国际航空公司(Thai Airways International,IATA:TG),简称泰航。成立于1951年,是泰国的国家航空公司。泰航是星空联盟的创始成员之一。泰航的航线网络以曼谷为中心,包含泰国国内线、地区区域航线及洲际航线。泰国航空标志,如图5-25所示。

图5-25　泰国航空标志

b.主要机场

曼谷素万那普机场(Suvarnabhumi Airport,IATA:BKK),泰国国家机场、新曼谷国际机场,距曼谷市中心约30km,为4F级国际机场、大型国际枢纽机场。素万那普机场旅客吞吐量、货邮吞吐量均居泰国第一位。

廊曼国际机场（Don Mueang International Airport，IATA：DMK），位于泰王国曼谷市廊曼县，西南距曼谷市中心约 25km，为 4E 级军民合用国际机场。开通我国至曼谷的国际航班。

（6）澳大利亚

①国家概况

澳大利亚联邦（The Commonwealth of Australia），简称澳大利亚，首都堪培拉。澳大利亚本土划分为 6 个州和 2 个地区。6 个州分别是新南威尔士、维多利亚、昆士兰、南澳大利亚、西澳大利亚、塔斯马尼亚；两个地区分别是北方领土地区和首都地区。各州或领地的首府分别为悉尼、墨尔本、布里斯班、阿德莱德、珀斯、霍巴特、堪培拉和达尔文。

截至 2023 年 7 月，澳大利亚总人口为 2639 万人，74% 为英国及爱尔兰裔，官方语言为英语，大部分居民信仰基督教。澳大利亚为发达的现代化工业国家，是南半球经济最发达的国家，全球第四大农产品出口国，同时也是世界重要的矿产品生产和出口国。

②航空概况

a. 主要航空公司

澳洲航空公司（Qantas Airways，IATA：QF），1920 年在澳大利亚昆士兰州创立，是全球历史最悠久的航空公司之一。澳洲航空公司是澳大利亚第一大航空公司，是澳大利亚国家航空公司，其母公司为澳洲航空集团。澳洲航空的袋鼠标志，象征着可靠、安全、先进技术及优质服务。澳洲航空是寰宇一家的创始成员。澳洲航空标志，如图 5-26 所示。

b. 主要机场

图 5-26　澳洲航空标志

a）悉尼：悉尼金斯福德·史密斯机场（Sydney Kingsford Smith Airport，IATA：SYD），简称悉尼机场，距悉尼市中心约 8km，为 4F 级国际机场、澳大利亚门户枢纽机场。悉尼机场是澳洲航空、维珍澳洲航空、捷星航空和区域快线航空的枢纽机场，也是新西兰航空的基地机场。悉尼机场是澳大利亚最繁忙的机场。

b）墨尔本：墨尔本机场（Melbourne Airport，IATA：MEL），是澳大利亚维多利亚州墨尔本的主要民航机场，也是澳大利亚第二繁忙的机场。

IATA 三区主要城市和三字代码，见表 5-3。

IATA 三区主要城市和三字代码表　　表 5-3

IATA 三区	主要国家	城市英文名称	城市中文名称	三字代码
South Asian Sub-continent 南亚次大陆次区	Bangladesh　孟加拉国	Dhaka	达卡	DAC
	India　印度	New Delhi	新德里	DEL
		Mumbai	孟买	BOM
	Nepal　尼泊尔	Kathmandu	加德满都	KTM
	Pakistan　巴基斯坦	Islamabad	伊斯兰堡	ISB
		Karachi	卡拉奇	KHI
	Sri Lanka　斯里兰卡	Colombo	科伦坡	CMB

107

续上表

IATA 三区	主要国家	城市英文名称	城市中文名称	三字代码
South East Asia 东南亚次区	Cambodia 柬埔寨	Phnom Penh	金边	PNH
	Indonesia 印度尼西亚	Jakarta	雅加达	JKT
		Bali Island	巴厘岛	DPS
	Malaysia 马来西亚	Kuala Lumpur	吉隆坡	KUL
	Philippines 菲律宾	Manila	马尼拉	MNL
	Russian 俄罗斯	Khabarovsk	哈巴罗夫斯克(佰力)	KHV
	Singapore 新加坡	Singapore City	新加坡市	SIN
	Thailand 泰国	Bangkok	曼谷	BKK
		Phuket	普吉	HKT
	Vietnam 越南	Hanoi	河内	HAN
		Ho Chi Minh city	胡志明市	SGN
South West Pacific 西太平洋次区	Autralia 澳大利亚	Canberra	堪培拉	CBR
		Sydney	悉尼	SYD
		Melbourne	墨尔本	MEL
		Perth	珀斯	PER
	New Zealand 新西兰	Wellington	惠灵顿	WLG
		Auckland	奥克兰	AKL
	Papua New Guinea 巴布亚西几内亚	Port Moresby	莫尔兹比港	POM
East Asia 日本/朝鲜次区	Japan 日本	Tokyo	东京	TYO
		Osaka	大阪	OSA
	Korea 韩国	Seoul	首尔	SEL

综 合 测 评

一、选择题

1.New Zealand位于哪个次区?(　　)

　　A.Middle East　　　B.East Aisa　　　C.South Atlantic　　　D.South West Pacific

2.Peru位于哪个次区?(　　)

　　A.Middle East　　　B.Mid Atlantic　　　C.South Atlantic　　　D.South West Pacific

3.YVR位于哪个次区?(　　)

　　A.Middle East　　　B.Europe　　　C.South Atlantic　　　D.North Atlantic

4.AUH位于哪个国家?(　　)

　　A.Eygpt　　　B.Saudi Arabia　　　C.Qatar　　　D.The United Arab Emirates

5.BUD位于哪个国家?(　　　)
　　A.Germany　　　　B.Spain　　　　　C.Ireland　　　　　D.Hungry
6.巴黎夏尔戴高乐机场的三字代码?(　　　)
　　A.LHR　　　　　　B.CDG　　　　　　C.ORD　　　　　　D.HND
7.Oslo位于哪个次区?(　　　)
　　A.Middle East　　　　　　　　　　　B.Europe
　　C.South Asian Sub-continent　　　　D.North Atlantic
8.DXB位于哪个大区?(　　　)
　　A.一　　　　　　　B.二　　　　　　　C.三
9.BKK属于哪个次区?(　　　)
　　A.Middle East　　　　　　　　　　　B.East Aisa
　　C.South Asian Sub-continent　　　　D.South West Pacific
10.Malaysia属于哪个次区?(　　　)
　　A.South Asian Sub-continent　　　　B.South West Pacific
　　C.Middle East　　　　　　　　　　　D.East Aisa

二、填空题

请根据城市名称填写对应的城市代码。

城市名称	城市代码	城市名称	城市代码
New Delhi		Vienna	
Islamabad		Brussels	
Colombo		Paris	
Jakarta		Frankfurt	
Kuala Lumpur		Rome	
Bangkok		Rio De Janeiro	
Osaka		Toronto	
Sydney		Vancouve	
London		Los Angeles	
Doha		Chicago	
Riyadh		Moscow	
Abu Dhabi		St.Peterburg	
Dubai		Honolulu	
Nairobi		New York	
Cape Town		San Francisco	
Johannesburg		Washington D.C	

任务六

认识主要国际航线

- 一、国际航线分布特点
- 二、主要国际航线

◆知识目标
熟悉不同国际航线包含的范围。

▲能力目标
能够熟练判断不同国际航线的方向代码。

◇素养目标
了解国际不同区域的航线分布情况，明确在国内航空运输需求基本稳定的情况下，需要全面提升中国航空企业的国际化发展能力和国际影响力，才能应对全球范围内的竞争与挑战。作为民航专业的学生，要树立建设民航强国的责任感与使命感。

任务导入	有一些距离较远的航线是没有直达航班的，比如伦敦到悉尼的航线皆需要转机，有的航班在东京转机，有的航班在温哥华转机，有的在新加坡转机。在选择航班时，选择不同的转机点，国际航协的指导价格是不一样的，我们在运价手册中查询到伦敦到悉尼的经济舱全价如下：				
	LONDON(LON)				
	UNITED KINGDOM				POUND STERLING(GBP)
	To SYDNEY(SYD)				
					EH 13220 TS 13292 AP 14889
	FARE BASICS	LOCAL CURRENCY	NUC	CARR RULE CODE	GI MPM&ROUTING
	YIF	3084.00	4371.82	Y155	EH
	YIF	4406.00	6245.87	Y155	EH
	YIF	2100.00	2976.92	Y155	TS
	YIF	3000.00	4252.74	Y155	TS
	YIF	7163.00	10154.14	Y155	AP
	YIF	10233.00	14506.12	Y155	AP
	如果旅客想要在东京中转，应该为其选择哪个价格作为运价基础呢？				
任务实施	分成学习小组，快速判断给出的国际航线的方向代号				
任务评价	完成准确性(70%)	小组合作(10%)	语言表达能力(10%)		完成态度(10%)
自评(20%)					
互评(30%)					
教评(50%)					
综合得分					

> **小 链 接**
>
> 我国国内航线经济舱旅客运价根据不同航线市场竞争状况分别实行市场调节价、政府指导价,其中3家以下航空运输企业参与运营的国内航线实行政府指导价,基准为平均每客km0.75元;3家以上(含3家)航空运输企业参与运营的国内航线实行市场调节价,由航空运输企业依法自主制定。对于国际航线价格,国际航协(IATA)制定了全球所有航线的票价基准,考虑到世界各个地区经济发展不均衡,购买能力不同,在运价制定过程中,国际航协根据不同的旅行线路和旅行方向(不同的航程方向对应着不同的代码,该代码称为两字方向代码Two-letter Direction Codes,或称全球方向指示代码Global Indicator),制定出不同的票价基准。售票人员在查询运价时,需要先判断出旅客的旅行方向,才能查询到准确的运价。在国际民航发展初期,航协运价对航空公司定价起到很好的指导意义,但随着民航业的发展,现在航空公司自由度比较高,可以根据自身情况定价(航协基准票价更多是比较的意义)。在民航销售系统中,很多指令回显含有航线方向代号,作为民航地服工作人员,应该掌握这些代号并理解其表示的含义。

知 识 讲 解

一、国际航线分布特点

航空运输经过一百多年的发展,航线已经基本覆盖了世界各个角落,当然发达地区航线比较密集,落后地区航线密度较低。国际航线分布主要呈现出以下特点:

(1)航线最密集的地区为西欧、北欧、北美、东亚等地。航线最密集的国家为美国、日本、英国、法国、德国、中国等,航线最繁忙的海域为北大西洋和北太平洋海域,其中北大西洋航线主要连接北美和欧洲,北太平洋航线主要连接北美和亚太地区。

(2)南半球的航线密度远远小于北半球的航线密度,北半球的国际航线以东西向为主,南半球的国际航线以南北向为主。

(3)世界航线走向的总体趋势呈东西向,主要的国际航线集中分布在北半球的中纬地区,大致形成一个环绕中纬的航空带。

(4)在纬向航空带的基础上,由航线密集区向南辐射,形成一定的经向航线的分布。

二、主要国际航线

不同的国际航线对应不同的全球方向指示代码(Global Indicator,GI),下面介绍一些常见的国际航线。

（一）在同一个航协大区内旅行的航线

1. 在TC1内旅行

当航程中所有的点都在航协一区内，这样的航线是西半球航线（WH，Western Hemisphere）。

西半球航线是指航程中所有点都在西半球的航线。西半球航线是连接南北美洲的航线，因此，又称为拉丁航线。

西半球航线在北美地区主要有美国南部的迈阿密，达拉斯及西岸和东岸的门户点，墨西哥的墨西哥城，中美的圣何塞、太子港等，在南美的点主要分布在哥伦比亚的波哥大，巴西的巴西利亚、里约热内卢、圣保罗，智利的圣地亚哥，阿根廷的布宜诺斯艾利斯等城市。

西半球航线不长，除自成体系外，还常常与太平洋航线和大西洋航线相连，成为这些航线的续程航段。

WH航线举例：

WAS(华盛顿)——MEX(墨西哥城)——BUE(布宜诺斯艾利斯)

YOW(渥太华)——SCL(圣地亚哥)

2. 在TC2内旅行

当航程中所有的点都在航协二区内，意味着所有的点都在东半球，这样的航线是东半球航线（EH，Eastern Hemisphere）。

东半球的国家和人口数量远超过西半球，东半球的航线数量也远超过西半球。

TC2的东半球航线举例：

FRA(法兰克福)——DXB(迪拜)

LON(伦敦)——JNB(约翰内斯堡)

3. 在TC3内旅行

当航程中所有的点都在航协三区内，意味着所有的点也都在东半球，这样的航线也是东半球航线（EH，Eastern Hemisphere）。

TC3的东半球航线举例：

PVG(上海浦东)—— SYD(悉尼)

DEL(新德里)——HAN(河内)

（二）跨区旅行的航线

1. 在TC1和TC2之间的旅行

在TC1和TC2之间旅行，意味着必须跨越大西洋，这样的航线是大西洋航线（AT，Atlantic）。

北美洲和欧洲是现今世界上航空最发达的地区，欧洲的中枢机场，如伦敦、巴黎、法兰克福、马德里、里斯本等和北美洲的主要城市相连,这使得欧洲和北美洲之间的跨大西洋航线成为世界上最繁忙的国际航线。

虽然欧洲和北美洲的航线历史悠久,但这个区域飞行的航空公司较多,竞争非常激烈,因此,这条航线虽然经济意义和政治意义都十分重大,但却不是现在世界上经济效益最好的航线。

TC1和TC2的跨大西洋航线举例:

LON(伦敦)——LAX(洛杉矶)

SAO(圣保罗)——ADD(亚的斯亚贝巴)

2. 在TC1和TC3之间的旅行

①在TC1和TC3之间旅行,意味着必须跨越太平洋,这样的航线称为跨太平洋航线(PA,Pacific)。

太平洋航线的一端通常为亚洲的东京、首尔、中国香港、北京、广州、上海和新加坡等城市,另一端通常为北美的温哥华、洛杉矶、旧金山、西雅图、纽约、芝加哥等城市。它跨过浩瀚的太平洋,是世界上最长的航线。

TC1和TC3的跨太平洋航线例如:

SIN(新加坡)——SFO(旧金山)

MEL(墨尔本)——SCL(圣地亚哥)——RIO(里约热内卢)

②在TC1和TC3之间的旅行,有一种特殊的航程国际航协将其单独列出来,给予特殊的方向代号(PN,Transpacific via North America)。

PN航线是连接南美洲次区和西南太平洋次区经过北美洲次区的航线,航线不经过北部和中部太平洋。西南太平洋的一端通常为悉尼、墨尔本、奥克兰和堪培拉等城市,另一端通常为布宜诺斯艾利斯、圣保罗、里约热内卢和圣地亚哥等城市。

PN航线举例:

SYD(悉尼)——LAX(洛杉矶)——RIO(里约热内卢)

3. 在TC1和TC3之间(经TC2)的旅行

①在TC1和TC3之间旅行且要经过TC2,意味着必须跨越大西洋,这样的航线也是大西洋航线(AT,Atlantic)。

这样的AT航线例如:

WAS(华盛顿)——IST(伊斯坦布尔)——SIN(新加坡)

YTO(多伦多)——ZUH(苏黎世)——BKK(曼谷)

②在TC1和TC3之间旅行且经过TC2的航线中,国际航协也给出了一种特殊情况,就是当在南大西洋次区和东南亚次区之间航行,并且经过中非/南非/印度洋岛屿的航线或者从南大西洋次区经过南大西洋直飞东南亚次区的航线,这种航线跨越的是南大西洋,称为南大西洋航线(SA,South Atlantic)。

南大西洋航线SA举例:

RIO(里约热内卢)——JNB(约翰内斯堡)——SIN(新加坡)

4. 在TC2到TC3之间(经TC1)的旅行

当在TC2和TC3之间旅行,还经过TC1,那意味着航线要连续跨越太平洋和大西洋两个大洋,这样的航线称为环球航线AP(Atlantic and Pacific)。

环球航线AP举例:

LON(伦敦)——YVR(温哥华)——SYD(悉尼)

5. 在TC2和TC3之间的旅行

在TC2和TC3中旅行,虽然航线中所有的点都在东半球,但是却不都简单地定义为EH航线,国际航协将其划分为四种情况,分别是RU、TS、FE和EH,可以说RU、TS和FE都是EH中的特殊情况,下面一一作出分析。

①当航线在俄罗斯欧洲欧部分(乌拉尔山以西)和三区(不包括哈萨克斯坦、吉尔吉斯斯坦、蒙古国、塔吉克斯坦、土库曼斯坦、乌兹别克斯坦、俄罗斯亚洲部分)之间,并且含有一个俄罗斯欧洲部分与日本、韩国、朝鲜之间的直达航班,这样的航线叫俄罗斯航线(RU,Russia)。

RU航线举例:

MOW(莫斯科)——TYO(东京)

LED(圣彼得堡)——SEL(首尔)

②在TC2和TC3之间旅行的航线,包含一个欧洲与日本、韩国、朝鲜之间的直达航班(除了RU航线),这样的航线飞越西伯利亚上空,称为跨西伯利亚航线(TS,Trans Siberia)。

TS航线举例:

LON(伦敦)——TYO(东京)

PAR(巴黎)——WAS(华沙)——SEL(首尔)

③当航线在俄罗斯欧洲部分/乌克兰和三区之间航行时,含有一个俄罗斯欧洲部分/乌克兰和三区之间的直达航班(除了RU、TS航线),这样的航线称为远东航线(FE,Far East)。

FE航线举例:

MOW(莫斯科)——BJS(北京)——SYD(悉尼)

MOW(莫斯科)——CTU(成都)——SIN(新加坡)

④当航线在二区和三区之间航行,但不属于上述提到的RU、TS、FE时,统归为EH航线。

EH航线举例:

MOW(莫斯科)——DXB(迪拜)——SYD(悉尼)

FRA(法兰克福)——BOM(孟买)

> **小 链 接**
>
> 穿越北极或南极的航线称为极地航线。北极航线是穿越北极上空的重要航线,用于连接北美和欧洲、亚洲的城市。
>
> 欧洲与北美之间的跨极地飞行早在20世纪20年代就已拉开序幕,商业飞行历史已超过40年。北极航线飞行条件比较复杂,需要考虑多方面的因素,如航线备降机场的选定、备降救援计划、防止燃油结冰的措施、燃油温度监控、太阳耀斑的影响、机务人员的培训等因素。
>
> 2001年2月1日,我国北极航线正式开通,同年7月15日由中国南方航空公司执飞的纽约-北京经北极区域飞行成功,标志着从北美东海岸到亚洲之间空运市场的发展迈出了重要的一步。
>
> 新极地航线穿越北极地区,将北美洲与亚洲城市、亚洲与欧洲城市连接起来,大大缩短了飞行距离。比如传统北京-纽约航线由于飞行距离超过了现役喷气式飞机的正常航程范围,需要在安克雷奇或旧金山等城市转机,全程时间长达17h,但经北极区域的新航线航程缩短,无须转机,飞行仅需13h,大大缩短了航程时间,同时也为航空公司节省了燃油,降低了飞行成本,而且北极上空气流平缓,颠簸较少,乘客舒适度也相对提高。

极地航线举例:

BJS(北京)——NYC(纽约)

DXB(迪拜)——ORD(芝加哥奥黑尔国际机场)

航程主要方向代号汇总表,见表6-1。

航程主要方向代号汇总表 表6-1

航线区间	方向代号GI	航线描述
TC1	WH	航程中所有的点都在航协一区内
TC2	EH	航程中所有的点都在航协二区内
TC3	EH	航程中所有的点都在航协三区内
TC12	AT	航程在一区和两区之间,不经过三区的航线
TC13	PA	航程在一区到三区之间,不经过两区,且不符合PN的航线
TC13	PN	航程在三区的西南太平洋次区与一区的南美洲次区之间,且中间经过北美洲次区但不经过北/中太平洋区域的航线
TC23	RU	航程在俄罗斯的欧洲部分(乌拉尔山以西)和三区之间,含有一个俄罗斯欧洲部分(乌拉尔山以西)和日韩之间的直达航段,且不得经过欧洲其他城市的航线
TC23	TS	航程在二区和三区之间,包含一个欧洲和日韩直达航段(经西伯利亚地区)的航线
TC23	FE	航程在俄罗斯欧洲部分/乌克兰和三区之间,包含一个俄罗斯欧洲部分/乌克兰和三区之间直达航段的航线
TC23	EH	航程在二区和三区之间,但不属于RU、TS、FE的航线

续上表

航线区间	方向代号 GI	航线描述
TC123	AT	航程在一区和三区之间,经过两区且不符合 SA 的航线
	SA	航程在一区的南大西洋次区和三区的东南亚次区之间航行,经过南非/中非/印度洋岛屿的航线;或者是在南大西洋次区和东南亚次区之间经过大西洋的直达航线
TC213	AP	航程在二区和三区之间,且经过一区的航线

综 合 测 评

一、简答题

1.简述 ICAO 的作用。

2.简述 IATA 的作用。

二、填空题

判断下述航程的方向代号。

航程	方向代号
LED-SEL-TYO	
SYD-MEX-SAO	
BUE-JNB-MNL	
DXB-HKG	
LAX-BJS	
YVR-HNL	
CTU-SYD-MEL	
SFO-MIA-HAV	
CPH-FRA-NBO	
MNL-LAX-SCL	
AMS-LAX-JKT	
ATH-AMS-WAS	
KUL-CPH-SAO	
NYC-SFO-MEL	
YVR-DXB	
MEX-TYO	
MOW-TYO	
SAO-LAX-PER	
RIO-CPT-BKK	
YUL-SEA-HNL	

参考文献

[1] 万青.航空运输地理[M].北京:中国民航出版社,2021.
[2] 刘旭颖,刘惠.航空运输地理[M].北京:航空工业出版社,2020.
[3] 于爱慧.民航国际客运销售实务[M].北京:中国民航出版社,2021.
[4] 中国民用航空局.2022年全国民用运输机场生产统计公报[R/OL].(2023-03-16)[2024-04-23].http://app.caac.gov.cn/XXGK/XXGK/TJSJ/202303/t20230317_217609.html.